江西省普通高中地方课程教材

红色文化

高中版

本书编写组 编

江西高校出版社
JIANGXI UNIVERSITIES AND COLLEGES PRESS

图书在版编目(CIP)数据

红色文化. 高中版/《红色文化》编写组编. —南昌：江西高校出版社,2018.12(2021.7重印)
ISBN 978-7-5493-7992-7

Ⅰ.①红… Ⅱ.①红… Ⅲ.①革命传统教育—中国—高中—教材 Ⅳ.①G631.2

中国版本图书馆 CIP 数据核字(2018)第 255666 号

出 版 发 行	江西高校出版社
社　　　址	江西省南昌市洪都北大道 96 号
总编室电话	(0791)88504319
销 售 电 话	(0791)88505090
网　　　址	www.juacp.com
印　　　刷	江西龙莹印务有限公司
经　　　销	全国新华书店
开　　　本	787mm×1092mm　1/16
印　　　张	12
字　　　数	210 千字
版　　　次	2018 年 12 月第 1 版 2021 年 7 月第 5 次印刷
书　　　号	ISBN 978-7-5493-7992-7
定　　　价	30.00 元

赣版权登字-07-2018-1346
版权所有　侵权必究

图书若有印装问题，请随时向本社印制部(0791-88513257)退换

序

传承红色基因　培养时代新人

　　由中共江西省委教育工作委员会、江西省教育厅联合教育部教育发展研究中心，共同组织编写的《红色文化》教材，在全党全国人民隆重纪念改革开放40周年和即将迎来中华人民共和国成立70周年之际，正式出版发行了。这是贯彻落实习近平总书记关于"要把红色资源利用好、把红色传统发扬好、把红色基因传承好"重要指示精神的一个实质性举措。

　　党的十八大以来，以习近平同志为核心的党中央，把教育提到"国之大计、党之大计"的战略高度来谋划和落实，围绕培养什么人、怎样培养人、为谁培养人这一根本问题，把培养社会主义建设者和接班人明确为教育的根本任务，把立德树人成效明确为检验学校一切工作的根本标准。2018年9月10日，习近平总书记在全国教育大会上发表重要讲话时强调："教育是民族振兴、社会进步的重要基石，是功在当代、利在千秋的德政工程。"这就决定了我们所要培养的人，是社会发展、知识积累、文化传承、国家存续、制度运行所要求的人；我们所要进行的工作，是凝聚人心、完善人格、开发人力、培育人才、造福人民的工作。可以说，没有哪一项事业像教育这样影响甚至决定着接班人问题，影响甚至决定着国家长治久安，影响甚至决定着民族复兴和国家崛起。

　　红色文化资源承载了中国共产党波澜壮阔的革命史、艰苦卓绝的奋斗史、可歌可泣的英雄史，其内含的红色基因是人民共和国的"遗传密码"，是我们在新的历史征程中不忘初心、牢记使命、永远奋斗的不竭精神动力，也是我们在新时代履行立德树人职责、培养德智体美劳全面发展的社会主义建设者和接班人的宝贵精神财富。"我们走得再远都不能忘记来时的路。"习近平总书记的话，是我们挖掘、整理、发扬、传承红色文化资源的重要指引。正如习近平总书记一再强调的:"光荣传统不能丢,丢了就丢了魂;红色基因不能变,变了就变了质。""革命传统教育要从娃娃抓起,既注重知识灌输,又加强情感培育,使红色基因渗进血液、浸入心扉,引导广大青少年树立正确的世界观、人生观、价值观。"

江西是一片红色的热土。大革命失败后,中国共产党在南昌打响了武装反抗国民党反动派的第一枪,标志着中国共产党独立领导革命战争、创建人民军队的开端;在井冈山创建第一个农村革命根据地,开辟了以农村包围城市、武装夺取政权的正确革命道路;在瑞金成立中华苏维埃共和国临时中央政府,实现了领导和管理国家政权的伟大预演。江西作为中华苏维埃运动的大本营和中国工农红军的故乡,为中国革命做出了巨大奉献和牺牲,全省有名有姓的革命烈士就有25万多人。中国共产党领导中国人民在江西进行的革命斗争,已经凝聚成为江西独具特色的红色文化资源。

中共江西省委、江西省人民政府高度重视青少年的革命传统教育。现在出版的这套《红色文化》教材,包括大学、中学、小学各学段的学生用书及幼儿园的教师用书,史料翔实,说理有据,图文并茂,生动可读,为红色资源的有效利用、红色传统的更好发扬、红色基因的积极传承提供了重要载体。要切实有效地把这套教材运用到课堂教学和课外活动中去,教育广大青少年不断厚植文化底蕴,传承红色基因,打好中国底色,强化国家意识。

最后,衷心希望《红色文化》教材的出版,能够引导广大青少年为建设富裕美丽幸福现代化江西、共绘新时代江西物华天宝人杰地灵新画卷而不懈奋斗,在实现"两个一百年"奋斗目标、实现中华民族伟大复兴的中国梦的历史征程中,成为一项传承文化、延续传统的基础工程,成为一项立德树人、价值引领的铸魂工程——归根到底,成为一项功在当代、利在千秋的德政工程。

2018年11月27日

目 录

第一单元　土地革命

第 1 课　砸碎束缚土地的桎梏　　　2
第 2 课　工农当家做主人　　　13
第 3 课　分田分地真忙　　　22
第 4 课　风展红旗如画　　　29

第二单元　武装斗争

第 5 课　枪杆子里面出政权　　　42
第 6 课　当兵就要当红军　　　55
第 7 课　红军是一所大学校　　　67
第 8 课　我们是不可战胜的力量　　　81

第三单元　根据地建设

第 9 课　把思想建党放在首位　　94

第 10 课　真正为民的廉洁政府　　105

第 11 课　要有足够给养的经济力　　120

第 12 课　创造新的工农大众文化　　133

第 13 课　自由光明的新天地　　143

第四单元　井冈山道路

第 14 课　敢于走前人没有走过的路　　158

第 15 课　马克思主义中国化的经典之作　　166

第 16 课　跨越时空的井冈山精神　　173

第一单元　土地革命

　　土地革命是中国民主革命的中心任务,是无产阶级领导农民彻底铲除封建剥削制度,从政治上、经济上打倒地主阶级,解放农村生产力的革命。在新民主主义革命时期,中国共产党建立红色政权,领导广大群众深入根据地开展土地革命,消灭封建土地所有制,改变了乡村社会阶级关系,调动了农民生产以及参军参战的积极性。

第 1 课

砸碎束缚土地的桎梏

1927年大革命失败后,中国革命形势急转直下,异常严峻。中国共产党经受着自成立以来最严峻的考验。在危急关头,中共中央审时度势,做出了在农村开展土地革命的重大决策。从此,土地革命在中国农村大地轰轰烈烈地开展起来,中国革命进入了土地革命的新阶段。

★ 废除封建土地所有制是中国民主革命的重要任务

土地是农民的命根子。没有土地,农民就失去了生存的基础和生活的希望。千百年来,获得一块属于自己的土地并在自己的土地上劳动是农民毕生的梦想。砸碎束缚土地的桎梏,解决农民土地问题,成了中国民主革命的重要内容。

■ 封建土地所有制严重束缚了近代中国社会发展

中国自古以来就形成了"溥天之下,莫非王土;率土之滨,莫非王臣"的土地所有制。春秋战国时期,井田制崩溃瓦解并逐步被废除,封建土地所有制确立,一直延续了两千多年。至民国初年,中国仍实行以租佃制为主的封建土地所有制。占人口极少数的地主拥有全国大量土地,而占全国人口绝大多数的农民却没有土地或只有少量土地。农民只能通过契约租种地主的土地谋生。地主通过收地租、放高利贷等手段将土地收成的大部分从农民手中拿走了。

清朝农民卖地契约　　　　　民国土地买卖协议

问题思考

春种一粒粟，秋收万颗子。

四海无闲田，农夫犹饿死。

这是晚唐诗人李绅的《悯农》，作者看到农民"种一粒粟""收万颗子"的丰收场景，然而出现"四海无闲田,农夫犹饿死"的人间悲剧。作者虽然触及这一社会问题，但没有提出具体的解决方案。产生这一人地关系的千年迷局的根本原因是什么呢？

人地关系，是千百年来影响中国社会发展的重要因素。一定数量土地的粮食产量总是相对固定的。例如，民国初年以后很长一段时间，中国每亩地的粮食产量在300斤左右。丰年产量高一些，歉收年份产量低一些。可见，既定数量的土地能够养活的人口是有限的，同时每户农民的生产能力也是有限的。假如每户农民（五口之家）的最大生产能力为15亩地，又假如不需要交纳名目繁多的苛捐杂税、沉重的地租等，那么农民的日子还是能过下去的。但是，由于封建社会的土地所有制，土地掌握在地主手中，土地收成的35%—50%要交租，再加上其他各种摊派在土地上的苛捐杂税（通常要占到土地收成的20%），农户手中的余粮就很难养活一家人了。

想一想：

1. 为什么中国历代有识之士都将"轻徭薄赋"视为仁政？

2. 在土地数量不可能大量增加，每亩地的粮食产量也不可能大幅度提高的情况下，怎样才能使农民的日子过得更好？

第一单元　土地革命

封建土地所有制严重阻碍了中国社会的发展,是中国长期以来穷困落后的根本原因,尤其是近代以来成为社会发展的桎梏。解决农民的土地问题是中国民主革命的基本内容之一。

农民耕种情形雕塑

民国年间田租平均租率

	上等水田	中等水田	下等水田	上等旱田	中等旱田	下等旱田
分租占产量之百分率	51.5%	48.2%	44.9%	47.8%	45.3%	43.7%
谷租占产量之百分率	46.3%	46.2%	45.8%	45.3%	44.6%	44.3%
钱租占产量之百分率	10.3%	11.3%	12%	10.5%	10.9%	12%

注:当时的纳租制度共有分租制、谷租制、钱租制(资料来源于许涤新著《农村破产中的农民生计问题》,载《东方杂志》第32卷,第1号)。

概念解析

民主革命是指反对封建地主阶级统治和封建专制制度,建立民主制度的革命,通常由资产阶级或无产阶级来领导。其任务是反对封建专制制度和封建政权。

■ 20世纪二三十年代江西的土地占有关系

近代江西虽然受到了外国资本主义经济的冲击,但社会内部还较完整地保留了封建制度,自给自足的小农经济仍然相当坚固。约占农户总数3%的地主占有50%以上的江西耕地,占农户总数70%以上的贫雇农没有土地或只有少量土地。作为封建统治基础的地主土地所有制没有得到较大的改变,严重阻碍了江西近代社会经济的发展。

名言警句

封建时代的自给自足的自然经济基础是被破坏了;但是,封建剥削制度的根基——地主阶级对农民的剥削,不但依旧保持着,而且同买办资本和高利贷资本的剥削结合在一起,在中国的社会经济生活中,占着显然的优势。

——毛泽东

史料链接

边界①土地状况:大体说来,土地的百分之六十以上在地主手里,百分之四十以下在农民手里。江西方面,遂川的土地最集中,约百分之八十是地主的。永新次之,约百分之七十是地主的。万安、宁冈、莲花自耕农较多,但地主的土地仍占比较的多数,约百分之六十,农民只占百分之四十。

——毛泽东《井冈山的斗争》

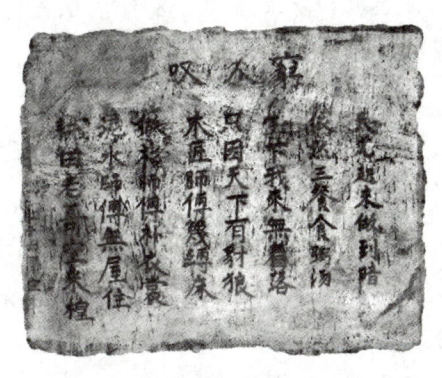

《穷人叹》

---

① 边界,湘赣边界。

第一单元　土地革命

> **阅读拓展**

仇恨的种子

清朝末年,方志敏出生于江西弋阳县漆工镇湖塘村。这个村跟全国其他的农村一样,充满着穷人的血和泪。村里一共80多户人家,有70多户是靠打长工和租种田地过日子的。苦难深重的农民成年累月在风里雨里辛勤劳动,打下的粮食大部分被地主和官僚抢走。他们住的是茅棚,吃的是野菜,过着牛马不如的生活。

有一天,少年方志敏去姐夫家路过一个村子,忽然听见一片吵闹声。路人说有两个彪形大汉正在一个穷寡妇家里抢东西。方志敏跑去一看,咦,这两个人不是漆工镇上的大恶霸邵襄臣家里的狗腿子吗?怎么上这儿来抢一个穷寡妇的东西呢?方志敏正在纳闷,只听见被推倒在地上的穷寡妇气愤地哭叫着:"你们这些狠心的豺狼,我欠了你们主子什么债?你们要抄我的家!"

"嘚,你还赖账?白纸上写的黑字!"一个狗腿子一边恶狠狠地说,一边用指头敲打着账本。

原来这邵襄臣是漆工镇上的大地主。他霸占了大片良田,还在镇上开了个大商行,凭着出租田地和放高利贷吃穷人的肉,喝穷人的血。3年前,这个穷寡妇生了重病,向邵襄臣的商行赊了一条黑纱布来包头。过了1个月,穷寡妇去付钱,邵襄臣竟要用加五的利(就是欠一元,每个月要加五角钱的利息)来算账,说她付的刚够那条黑纱布的本钱,还欠着利息,以后还得还呢。就这样利滚利,利加利,3年过去了,邵襄臣的算盘珠子一响,竟要没收穷寡妇的全部家当来顶"债"。

方志敏和乡亲们听说这个情况,气得眼里直冒火星,一齐上前吼道:"你们凭什么抢人家的东西?!"

两个狗腿子吓得直往后退。可是在那个年月里,枪握在富人的手里,衙门是富人的衙门,哪里有穷人说理的地方。两个狗腿子仗着邵襄臣有钱有势,还是一副担子将穷寡妇的破衣烂衫、锅碗盆勺全挑走了。

方志敏气鼓鼓地朝姐夫家走去,穷寡妇的哭诉声好像还在他耳边响着。他抬头望望天空,天空是阴沉沉的,远处的山峦隐在浓雾中,四周一片灰暗。那穷寡妇悲惨的身世,一幕又一幕地浮现在他的眼前。

那是旧中国千百万农村劳动妇女的苦难生活的缩影。穷寡妇的丈夫在世的时候,先是租种了地主的几亩田,因为交不起租谷,田被地主收了回去。他只好去给地主打长工。常年的劳累,极度的贫困,使他得了重病。一天,他在干活的时候,一头栽倒在田里,就含恨离开了人世。紧接着,穷寡妇的独生儿子又得了疟疾。人们都说,这种病只消吃几颗"鬼子丸"就会好的。可是"鬼子丸"得一百钱一颗,一个穷寡妇怎么买得起呢?穷苦的寡妇啊，她只有成天抱着娃儿啼哭。终于在一个夜深人静的时候，病魔夺走了她儿子的生命！她失去了所有的亲人，只能靠着自己两只勤劳的手，白天给地主家帮工打杂，夜里给地主家绩麻纺线，就这样孤孤单单地苦熬着岁月。可是今天，那狠毒的邵襄臣竟然连这样一个穷寡妇也不放过。

少年方志敏气愤极了，种种人间不平在他的心头播下了一颗仇恨的种子。这颗仇恨的种子，随着阶级剥削和阶级压迫的日益深重，在他心头发芽，生长。

★ 中国资产阶级不能解决中国的土地问题

■ 封建地主阶级是国民党政权的主要支柱之一

国共合作的大革命失败后，中国国民党变成由代表地主阶级和买办资产阶级利益的反动集团所控制的政党。国民党政府的统治并没有改变封建土地制度，封建地主阶级成为国民党政权的主要支柱之一。因此，废除封建地主土地所有制的政策也不可能实现。

> **史料链接**
>
> 据江苏省民政厅1928年至1934年间的统计，该省拥有1000亩以上土地的大地主共374个，其中有77个是国民党的官吏。1931年，在无锡被调查的104个村长中，91.3%为地主，7.7%为富农。
>
> ——中共中央党史研究室《中国共产党历史》（第一卷）
>
> 买办资产阶级是国民党政权的主要支柱之一。以买办资产阶级为主体的江浙财阀，先是支持蒋介石建立南京政府，继而以捐款、贷款和承购公债等方式，帮助这个政权巩固其统治地位。所以，在蒋介石为首的南京政府建立后，处处维护买办资产阶级的利益。比如，许多买办资本家从经营公债中，就得到了大量的好处。据统计，上海28家主要银行的总资产，1926年为13.91亿元，1931年增长到25.696亿元。
>
> ——中共中央党史研究室《中国共产党历史》（第一卷）

第一单元 土地革命

■ 国民党查禁解散农民协会，枪杀农运领袖和积极分子

1927年，蒋介石和汪精卫等国民党集团先后发动政变，进行"清党""分共"，大肆捕杀共产党人和革命群众。在农村，一些在大革命时期被打倒的豪绅地主，疯狂向农民反攻倒算，农民协会被解散，农运领袖和积极分子被屠杀；减租减息转为加租加息，土地日益集中，苛捐杂税多如牛毛，农民依然生活在终年劳动却不得温饱的环境之中。

1927年，报纸上刊登的蒋介石、汪精卫逮捕屠杀共产党人的报道

文史百科

湘赣边民谣

清早钉橡皮①，中午捞虾米②，晚上钳乌鸡③；荒年向天要，仙果④观音泥⑤。

赣南歌谣

月光光，光灼灼。埃⑥跌苦，你快乐。食也毛⑦好食，着也毛好着。年年项起做⑧，总住烂屋壳。暗婧女子⑨毛钱讨，害埃穷人样得老⑩。暗好学堂⑪埃毛份，有眼当个瞎眼棍。天呀天，越思越想越可怜。事业毛钱做，年年总耕田。六月割也就⑫，田东做贼头⑬。袋子一大捆⑭，擎把过街溜⑮。吗个都唔问⑯，问谷曾晒就？穷人一话毛，放出下马头⑰。句句讲恶话，俨然税户头⑱。唔奈何，量了一箩又一箩，量了田租量利谷，一年耕到又阿嗬⑲！又阿嗬，会伤心，穷兄穷弟爱同心⑳，穷姊穷妹爱团结，团结起来当红军，当到红军杀敌人！

---

① 钉橡皮，吃红薯片。② 捞虾米，吃稀饭。③ 钳乌鸡，吃芋头。④ 仙果，山上野果。⑤ 观音泥，一种白胶泥。⑥ 埃，我。⑦ 毛，没有。⑧ 项起做，继续做。⑨ 暗婧女子，再漂亮的女子。⑩ 样得老，怎样得老。⑪ 暗好学堂，再好的学堂。⑫ 割也就，刚割完。⑬ 做贼头，很恶之意，如贼头一样恶。⑭ 袋子一大捆，用去收租的。⑮ 过街溜，洋伞。⑯ 吗个都唔问，什么都不问。⑰ 放出下马头，打官腔。⑱ 税户头，大地主。⑲ 阿嗬，没有了之意。⑳ 爱同心，要同心。

阅读拓展

尹特辉是这样参加革命的

尹特辉是江西省永新县台岭乡高汶村人。他家境贫寒，13岁时，因积极参加欢迎红军和斗地主土豪大会，由本乡共产党员罗叔真介绍加入共产主义青年团。

1930年，因遭遇天旱，收成减少，不少村民没钱交租金，高汶村的地主恶霸范昌以此为借口，在白匪"清乡"时，勾结保安团，把参加农会和青年团的村民全部抓起来。尹特辉和母亲也被抓了，并被捆绑在树上。地主恶霸范昌用皮鞭严刑拷打，逼着交租，磨着刀扬言要砍头示众，还一把火烧了尹特辉家的茅草房。后来，红军来到高汶村，击败保安团，救出了尹特辉和他的母亲。由于房子被烧毁，尹特辉的母亲只能带尹特辉住进庙里。地主恶霸范昌对尹特辉家处处刁难，百般欺凌，天旱时断水不让浇地，也不让上山砍柴。为了活命，尹特辉的母亲只好在村里乞讨要饭。

那年夏天，蒋介石派兵疯狂对井冈山地区的红军进行"清剿"，白匪军所到之处杀人如麻，血光冲天，还扬言"山要过火，人要过刀，宁可错杀一千，不可错放一人"。

一天晚上，高汶村被白匪军包围，部分村民躲进山林，村里的男丁被五花大绑。这次白匪用的办法是"边'清匪'、边抓壮丁"，《"清剿"告示》写着给愿当白匪军的赏发5块大洋，不愿当白匪军的则以"通'共匪'嫌疑"拉出去枪毙。

敌人这次行动连孩子也不放过，尹特辉和村里的一些男丁被绳索捆绑串在一起。白匪军拿着枪，举着火把，押着老乡们向村外走。

大人们都知道这一去就是死。尹特辉也被绳索牵拉着走，村里的大人看着这小娃子可怜，就偷偷帮他解开绳索，在路过池塘边时一把将他推到草丛里。就这样，尹特辉藏了一夜，躲过了大屠杀。

那天深夜，尹特辉看到了倒在血泊中的乡亲们，吓蒙了，他急忙跑回庙里，见到了他的母亲。尹特辉的母亲非常害怕，不敢留下儿子。如果让地主恶霸范昌和他的狗腿子发现了，尹特辉就没命了。母亲问尹特辉怎么办。尹特辉说，投奔红军去。于是尹特辉的母亲借来6个鸡蛋，煮熟后塞进尹特辉的口袋里，就这样，尹特辉孤身一人翻越深山老林，寻找红军去了。

后来尹特辉参加了二万五千里长征。中华人民共和国成立后，尹特辉任过山东省军区顾问。尹特辉曾被授予三级八一勋章、二级独立自由勋章、二级解放勋章，1988年7月被授予二级红星功勋荣誉章。

第一单元　土地革命

★ 中国共产党要领导革命成功就必须废除封建土地制度

■ 实行土地革命是中国革命的根本要求

1927年8月7日，中共中央在湖北汉口召开紧急会议（即八七会议）。会议总结大革命失败的教训，讨论了党的工作任务，确立了实行土地革命和武装起义的方针。会议明确提出土地革命是中国资产阶级民主革命的中心问题，是中国革命新阶段的主要的社会经济内容。会议选出了以瞿秋白为首的新的中共中央临时政治局，并讨论通过了《最近农民斗争的议决案》等重要文件。

八七会议的场景

📖 史料链接

在最近的期间，农民暴动的口号应当是：

一、乡村政权属于农民协会。

二、肃清土豪乡绅与一切反革命分子，没收他们的财产。

三、没收重利盘剥者财产，用以改良农村中贫民的生活。

四、没收大地主及中地主的土地，分这些土地给佃农及无地的农民。

五、没收一切所谓公产的祠族庙宇等土地，分给无地的农民。

六、对于小田主则减租，租金率由农民协会规定之。

七、由农民协会取消重利盘剥者的债务苛刻的租约与苛约。

八、解除民团团防等类的武装与其他地主的军队，而武装农民。

九、改良雇农生活及其劳动条件(工资待遇等等)。

十、对于乡村一般失业贫民，革命政权当尽可能的筹措基金救济之，并与以工作(如协作社等类办法)。

十一、对于一切新旧军阀政府的税捐实行抗纳，并实行抗租。

——《最近农民斗争的议决案》

■ 只有实行"耕者有其田"才能得到农民的支持

大革命失败后，中国共产党要独立领导中国革命，开展武装斗争，就必须废除封建地主土地所有制，实行"耕者有其田"的土地制度。只有这样，才能得到占人口绝大多数的农民的支持和参与，才能为开展武装斗争和建立革命政权奠定广泛的、可靠的群众基础。

毛泽东做湖南农民运动考察

📖 史料链接

很短的时间内，将有几万万农民从中国中部、南部和北部各省起来，其势如暴风骤雨，迅猛异常，无论什么大的力量都将压抑不住。他们将冲决一切束缚他们的罗网，朝着解放的路上迅跑。一切帝国主义、军阀、贪官污吏、土豪劣绅，都将被他们葬入坟墓。一切革命的党派、革命的同志，都将在他们面前受他们的检验而决定弃取。

——毛泽东《湖南农民运动考察报告》

《湖南农民运动考察报告》

> **课后研学**

1. 大革命失败后,中国为什么会进入土地革命的新阶段?

2. 党的十一届三中全会以后,在农村实行了家庭联产承包责任制,农民的生产积极性有了极大的提高,农业生产连年大丰收。中国以占世界7%的耕地,养活了占世界22%的人口,创造了人类历史的奇迹。谈谈你对这一历史奇迹的理解。

第 2 课

工农当家做主人

建立农民当家作主的红色政权是土地革命得以顺利开展的前提和基础。打土豪，分田地，掀起土地革命的风暴是红色政权的重要工作内容。红色政权通过颁布土地法令，开展土地革命斗争，推动着土地革命路线的逐步完善和形成。

★ 红色政权的诞生

红色政权是组织、领导群众开展土地革命的重要机构。在土地革命战争时期，中国共产党在广大农村革命根据地以工农武装为支柱，积极动员和组织工人、农民及小资产阶级进行反帝反封建的民主革命，建立了各级工农兵政府或工农兵苏维埃政府。

■ 茶陵县工农兵政府

1927年11月，工农革命军攻克湖南茶陵县城后，在大力发动群众的基础上，成立了茶陵县工农兵政府。这是井冈山革命根据地建立红色政权的一次重要尝试，也是湘赣边界第一个红色政权，在中国革命史上具有开创性意义。

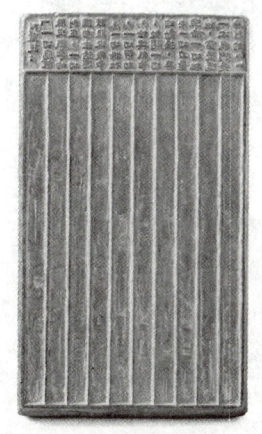

茶陵县工农兵政府公文纸木印版

第一单元　土地革命

茶陵县工农兵政府由3位常务委员组成:工人代表谭震林、农民代表李炳荣、士兵代表陈士榘。谭震林任县工农兵政府主席。工农兵政府下设民政部、财经部、青工部、妇女部,分别由杨绍震、罗尚德、罗青山、陈叔同担任部长。

茶陵县工农兵政府成立后,派出由政府工作人员、工会和农会骨干及士兵等组成的工作队,深入乡村,宣传发动群众,帮助群众重建农民协会,建立区、乡工农兵基层政权,惩治土豪劣绅,开展土地革命。

茶陵县工农兵政府旧址

谭震林

人物介绍

谭震林(1902—1983),湖南攸县人,时任茶陵县工农兵政府工人代表、主席。中华人民共和国成立后,曾任国务院副总理、全国人大常委会副委员长等职。

人物介绍

李炳荣(1903—1928),湖南茶陵人,时任茶陵县工农兵政府农民代表。1928年,英勇就义。

李炳荣

第2课　工农当家做主人

人物介绍

陈士榘(1909—1995),湖北荆门人,时任茶陵县工农兵政府士兵代表。中华人民共和国成立后,曾任解放军军事学院训练部部长、工程兵司令员兼人民革命军事委员会军事建筑部部长等职。1955年,被授予上将军衔。

陈士榘

史料链接

在茶陵,我们取得打碎旧政权,建立新政权的经验。但茶陵的经验也告诉我们,没有正规部队和广大地方武装的配合,就不能战胜敌人,土地革命便无法开展,农民群众也不可能充分动员起来支持革命,已经占领的地方也保不住,到头来即使建立了红色政权,也站不住脚,而没有巩固的根据地,武装斗争也就失去了可靠的后方和依托。所以,后来我们攻占遂川、宁冈、永新等县,建立县工农兵政府,就着手抓土地革命,满足农民的土地要求;抓成立县、区、乡各级地方武装;抓建立健全各级党组织和政权;抓发展生产;开办学校(小学);帮助群众战胜国民党的经济封锁,解决生活上的困难。

——谭震林《回顾井冈山斗争历史》

湘赣边界工农兵苏维埃政府

为了统一对湘赣边界各县工农兵苏维埃政府的领导,1928年5月下旬,湘赣边界各县工农兵第一次代表大会在江西宁冈茅坪召开,大会选举产生了湘赣边界工农兵苏维埃政府执行委员会,随后成立了湘赣边界工农兵苏维埃政府,袁文才任主席。这是边界各县的最高行政机关,下辖茶陵、遂川、宁冈、永新、酃县(今湖南炎陵县)、莲花等县工农兵政府。边界政府下设军事、财政、土地、司法四部以及工农运动委员会、青年运动委员会、妇女运动委员会。

湘赣边界工农兵苏维埃政府旧址

湘赣边界工农兵苏维埃政府成立后,认真贯彻执行边界党制定的方针政策,发动和组织广大群众开展武装斗争,宣传和动员群众参军参战,保卫红色政权。

第一单元　土地革命

同时,边界政府还积极领导广大农民在根据地内全面开展土地革命,设立各级土地委员会,指导分配土地,大力发展农业生产,巩固土地革命成果,筹集物资支援红军,发展和建设井冈山革命根据地。

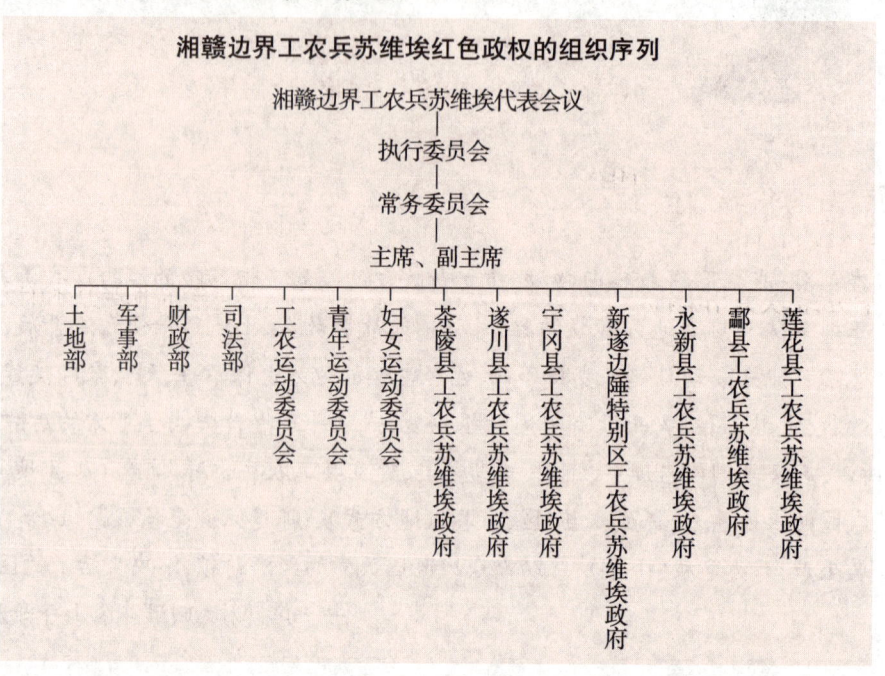

湘赣边界工农兵苏维埃红色政权的组织序列

湘赣边界工农兵苏维埃代表会议
执行委员会
常务委员会
主席、副主席

- 土地部
- 军事部
- 财政部
- 司法部
- 工农运动委员会
- 青年运动委员会
- 妇女运动委员会
- 茶陵县工农兵苏维埃政府
- 遂川县工农兵苏维埃政府
- 宁冈县工农兵苏维埃政府
- 新遂边陲特别区工农兵苏维埃政府
- 永新县工农兵苏维埃政府
- 鄘县工农兵苏维埃政府
- 莲花县工农兵苏维埃政府

史料链接

　　一国之内,在四围白色政权的包围中,有一小块或若干小块红色政权的区域长期地存在,这是世界各国从来没有的事。这种奇事的发生,有其独特的原因。而其存在和发展,亦必有相当的条件。第一,它的发生不能在任何帝国主义的国家,也不能在任何帝国主义直接统治的殖民地,必然是在帝国主义间接统治的经济落后的半殖民地的中国。……第二,中国红色政权首先发生和能够长期地存在的地方,不是那种并未经过民主革命影响的地方……第三,小地方民众政权之能否长期地存在,则决定于全国革命形势是否向前发展这一个条件。……第四,相当力量的正式红军的存在,是红色政权存在的必要条件。若只有地方性质的赤卫队①而没有正式的红军,则只能对付挨户团②,而不能对付正式的白色军队。

——毛泽东《中国的红色政权为什么能够存在?》

---

① 赤卫队,革命根据地中群众的武装组织,不脱离生产。
② "挨户团",当时湖南武装的一种,它分常备队和非常备队两部分。"挨户"形容几乎每户都要参加。1927年大革命失败后,许多地方的挨户团被地主利用,变成反革命的武装组织。

16

■ 中华苏维埃共和国临时中央政府

从1930年11月到1931年9月,红一方面军在毛泽东、朱德的指挥下,连续粉碎国民党军队的三次"围剿",使赣南、闽西根据地连成一片,形成了以江西瑞金为中心的全国最大的中央革命根据地。此外,湘赣、湘鄂赣、湘鄂西、鄂豫皖、赣东北、左右江、东江、琼崖等革命根据地先后创立,并发展到相当规模,为中国苏维埃运动的发展,也为中华苏维埃共和国临时中央政府的成立奠定了基础。

1931年11月,中华苏维埃第一次全国代表大会在江西瑞金隆重召开。大会宣告中华苏维埃共和国临时中央政府成立,并通过了《中华苏维埃共和国宪法大纲》《中华苏维埃共和国土地法令》《中华苏维埃共和国劳动法》《中华苏维埃共和国关于经济政策的决定》等重要文件。大会选出63人组成的中央执行委员会,随后中央执行委员会举行第一次会议,选举毛泽东为中央执行委员会主席。中华苏维埃共和国的建立,是中国共产党建立全国性政权的一次伟大尝试,也是创立人民共和国的一次伟大预演。

★ 红色政权颁布的土地革命法令

为了指导好根据地土地革命的开展,各级工农兵苏维埃政府成立后,通过深入的调查研究,结合各地开展土地革命的实际情况,先后制定并颁布了一系列的土地革命法令。

■ 井冈山《土地法》

制定切实可行的土地政策是毛泽东引兵井冈山后亟待解决的重要问题。1928年10月,毛泽东在深入湘赣边界各县调查研究的基础上,根据共产国际和党中央指示精神,以及根据地一年多的土地斗争经验,亲自起草了井冈山《土地法》。井冈山《土地法》于同年12月由湘赣边界工农兵苏维埃政府正式颁布。它

第一单元　土地革命

是中国共产党历史上第一部土地法,直接指导了湘赣边界的土地斗争,为土地革命的深入发展提供了宝贵经验。

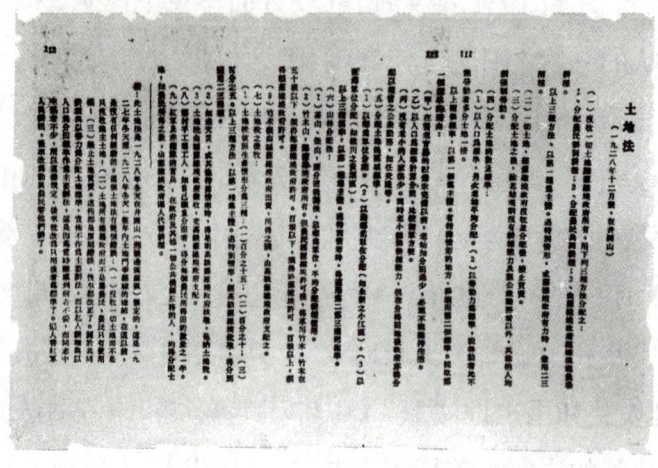

井冈山《土地法》

史料链接

此土地法是一九二八年冬天在井冈山(湘赣边界)制定的。这是一九二七年冬天至一九二八年冬天一整年内土地斗争经验的总结,在这以前,是没有任何经验的。这个土地法有几个错误:(一)没收一切土地而不是只没收地主土地;(二)土地所有权属政府而不是属农民,农民只有使用权;(三)禁止土地买卖。这些都是原则错误,后来都改正了。关于共同耕种与以劳力为分配土地标准,宣布不作为主要办法,而以私人耕种与以人口为分田标准作为主要办法,这是因为当时虽感到前者不妥,而同志中主张者不少,所以这样规定,后来就改为只用后者为标准了。

——毛泽东《农村调查》

■ 兴国县《土地法》

1929年4月,红四军来到江西兴国县。通过广泛的社会调查,毛泽东主持召开干部会议,在总结赣南土地革命经验的基础上,主持制定兴国县《土地法》,将井冈山《土地法》中关于"没收一切土地"的规定改为"没收一切公共土地及地主阶级的土地"。

兴国县《土地法》

18

> 史料链接
>
> 真正的剥削阶级(地主富农),人数不过百分之六,他们的土地却占百分之八十。其中富农占去百分之三十,公堂土地又有许多在富农掌握中,若不平分富农的土地,多数人土地不足的问题便难解决。
>
> ——毛泽东《兴国调查》

■ 二七《土地法》

1930年2月,毛泽东在江西吉安陂头村主持召开红四军前委、赣西特委和红五、红六军军委联席会议,即"二七会议",也叫"陂头会议"。会议确定了赣西南党扩大苏维埃区域、深入土地革命、扩大工农武装三大任务。为了进一步充实和完善党的土地革命路线和土地法,会议着重研究了赣西南的土地革命问题,讨论并制定了二七《土地法》(即赣西南《土地法》)。

《土地是我们的,耕种起来呵!》

二七《土地法》在没收对象、没收内容以及分配对象等方面做出了比井冈山《土地法》、兴国县《土地法》更为明确的规定,如没收一切豪绅地主阶级及祠堂庙宇会社的田地、山林、池塘、房屋;豪绅地主及反动派的家属、乡村中工商学各业,"得酌量分与田地";游民分田的,须戒绝鸦片、赌博等恶嗜好,否则苏维埃收回他的田地。会后,赣西南各地迅速掀起了轰轰烈烈的大分田运动。

★ 土地革命路线的形成及意义

土地革命路线是土地革命战争时期中国共产党为解决中国农民土地问题而

第一单元　土地革命

制定的土地政策。这一政策在八七会议上最早提出,在井冈山斗争时期首先实践,其后在中央苏区等革命根据地不断实践和补充完善,并最终形成。

■ 土地革命路线的形成

1931年春,经过多年的革命根据地土地斗争的实践,中国共产党逐渐形成了依靠贫雇农,联合中农,限制富农,消灭地主阶级,变封建的土地所有制为农民的土地所有制的土地革命路线;以及以乡为单位,按人口平均分配土地,在原耕地的基础上,抽多补少,抽肥补瘦的分田原则。

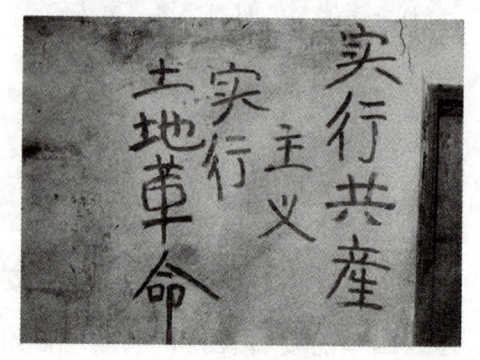

湖南桂东县普乐乡的标语

史料链接

　　平分土地若单只按"抽多补少"执行,如闽西去年的经验,并在文件上写着"不得妄想平均",那末富农得了肥田把瘦田让人,自己把持肥田,贫农就不大满意,不但闽西,各地亦大都发生这种现象。这是土地斗争中一种实际的重要斗争,我们不应忽略。应该于"抽多补少"之外还加上"抽肥补瘦"一个原则,并在文件上将"不得妄想平均"改为"不得把持肥田"。

——《富农问题》

　　到井冈山之后,我作了寻乌调查,才弄清了富农与地主的问题,提出解决富农问题的办法,不仅要抽多补少,而且要抽肥补瘦,这样才能使富农、中农、贫农、雇农都过活下去。假若对地主一点土地也不分,叫他们去喝西北风,对富农也只给一些坏田,使他们半饥半饱,逼得富农造反,贫农、雇农一定陷于孤立。

——毛泽东《关于农村调查》

■ 土地革命路线形成的意义

　　在土地革命路线的指导下,各个革命根据地先后完成了土地制度的深刻变革。土地革命的开展推动了革命根据地农业生产的发展,也为中国革命奠定了坚实的群众基础。

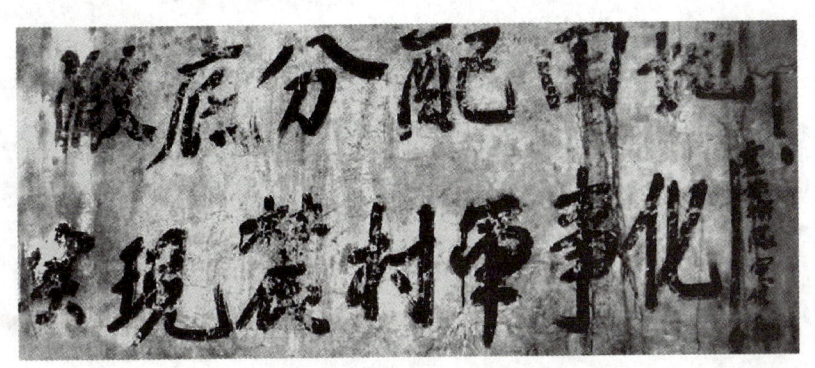

江西崇义县思顺乡的标语

■ 课后研学

　　1. 红色政权是如何组织和领导人民群众开展土地革命的?

　　2. 土地革命时期,中国共产党的土地政策经历过哪几个阶段?又是如何不断完善的?

第 3 课

分田分地真忙

随着农村革命根据地的建立和发展,土地革命日益广泛和深入地开展起来。在革命根据地内,中国共产党积极宣传、发动、组织和领导广大农民群众,打土豪,分田地,消灭封建土地所有制,实行"耕者有其田",掀起了土地革命的风暴。

★ 打土豪,分田地

打土豪,分田地,是中国共产党在土地革命战争时期提出的主要宣传口号。它不仅表明了我们党和红军的政治主张,也反映了广大农民要求改变不合理的土地占有关系,使土地真正回到生产者——农民手中的愿望。

■ 发动农民自己动手解决土地问题

土地是农民的命根子。要从根本上解决农民的土地问题,就要充分发动农民群众,依靠自己的力量,亲自动手,参加到打土豪、分田地的土地革命实践斗争之中。只有这样,农民才会拥护革命,才会参加革命。

湖南桂东县的标语

阅读拓展

"破"与"立":发动农民解决土地问题的方法

陈正人在《创立湘赣边界"工农武装割据"的斗争》中指出:"当群众愿意听我们话的时候,第一步进行打破'宿命论'的教育,帮助他们破除那些'听天由命''命中注定''八字不好'等迷信思想,让他们懂得只能靠自己,不能靠别人,这是对群众的启发教育,是很重要的一步。迷信思想破除以后,第二步就是帮助他们认识自己的力量,相信自己的力量,帮助他们树立斗争胜利的信心,使他们懂得,穷人的力量是最伟大的,我们穷人是能够打天下、解放自己、坐天下的。……揭露封建地主阶级霸占耕地、实行政治压迫和残酷的经济剥削,这是贫苦农民所受各种苦难的根源,使农民群众逐渐觉悟,只有团结起来,打倒封建地主的反动统治,农民才能翻身做主人,才能解除地主阶级的残酷剥削和压迫。"

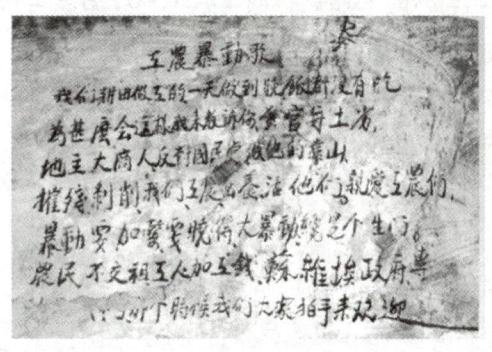

《工农暴动歌》

人物介绍

陈正人(1907—1972),江西遂川人,中共遂川县地方党组织的创建人之一,历任中共万安县委宣传部部长、中共遂川县委书记,与曾天宇、张世熙等领导了著名的万安暴动。1928年5月,当选为湘赣边界特委第一届委员会委员。中华人民共和国成立后,任江西省委第一任省委书记。

陈正人

■ 土地革命是革命动员的根本举措

土地革命既是民主革命的一项重要内容,也是动员群众的一个重要举措。通过土地革命,农民获得了土地及相关的政治经济利益,为了保卫自己的利益,农民群众积极参加革命,从而使分配田地和动员群众有机地结合起来。

农民成为土地的主人

第一单元　土地革命

> 📖 **史料链接**
>
> 　　1928年4月以前，边界土地革命还未深入，3月间湖南省委又将正规部队调往湘南，致使边界陷敌一个多月。这再次证明武装斗争的胜利和土地革命的深入，对于红色根据地的巩固是十分必要的。4月底，毛泽东同志和朱德同志在龙〔砻〕市会师，成立红四军，总结以往的经验教训。制定正确政策，这才把武装斗争、土地革命、根据地建设三者紧密结合起来。
>
> 　　　　　　　　　　　　——谭震林《回顾井冈山斗争历史》

★ 土地分配的具体办法

　　为了让土地分配有法可依、有章可循，使分田分地落到实处，在土地革命过程中，中国共产党依据苏维埃政府颁布的相关土地法令，在调查研究的基础上，根据各地实际情况，制定了土地分配的具体步骤和方法。

■ 土地分配的步骤

　　1. 建立以乡为单位的苏维埃政府，成立诸如"分田委员会"或"土地委员会"的分田机构，专门负责分田工作。

　　2. 召开各种形式的群众大会，开展分田宣传。

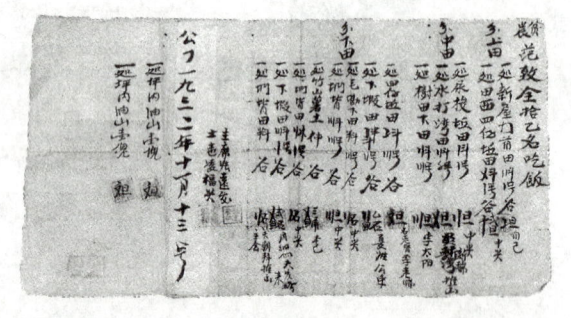

分田证

　　3. 逐村逐户进行土地调查登记，摸清各村的实有土地面积和人口数量。

　　4. 制订分田方案，召开群众大会通过，并张榜公布。

　　5. 填写和发放土地证。分配土地的同时，对山林、池塘等也进行了分配。

■ 土地分配的方法

土地分配的方法主要是以乡为单位，男女老幼一律按人口平均分配土地，以原耕地为基础，抽多补少，抽肥补瘦。

焚烧地契

📖 史料链接

土地怎样没收分配呢？依闽西的经验，第一要根据土地政纲定出条规（章程），发到各级政府或农会张贴，这个规条要非常具体，通俗简明，使农人一看就懂；第二要根据当地社会阶级成分，决定没收与分配的方法，才会合于群众的需要；第三土地政纲与规条要向群众作普遍的宣传鼓动，使群众深刻了解而拥护之；第四没收分配方法，要在这群众大会表决通过，使群众认识没收土地是自己的事，才能引起农民为土地而斗争的决心；第五宣布土地政纲与没收土地要非常迅速，乘群众热情高涨时使群众得到土地，更增高其斗争勇气。

——定龙《闽西的土地革命》

★ 土地革命在红色根据地蓬勃开展

■ 酃县中村插牌分田

湖南酃县中村是井冈山根据地内最早分田的地方，是毛泽东率领工农革命军在湘赣边界游击过程中进行土地革命的一个试点地。1928年3月，工农革命军攻克酃县后，在中村发动群众，开展分田运动。首先帮助党的组织成立中村区工农兵政府和赤卫队、青年团、妇女会、少先队等群众组织。接着召开有20多人参加的中村区、乡农会骨干会议，研究土地革命问题。随后，派出一批军队干部同地方干部一同到道任、中村、联西、心田、龙潭等地做社会调查，发动群众插牌分田。中村插牌分田为井冈山根据地的分田运动提供了有益的借鉴。

第一单元　土地革命

> 阅读拓展

中村分田

中村区道任乡是个不足百户的偏僻山村，共有水田约280亩，劣绅钟伦元一户就占250多亩，村民全靠租种他的耕地度日，生活极端贫苦。1928年3月，部队干部谭希林和地方干部周介甫被派到该乡领导土地革命运动。道任乡选举产生乡土地委员，负责土地分配工作。他们分田的具体做法是：先将全乡人口、土地造册登记；然后，将土地占有情况以原耕地为基础定出分配方案，多退少补，抽肥补瘦；最后由农会统一写好竹牌①，在群众大会上将竹牌发给各户自己安插。

《插牌分田》雕塑

永新塘边村分田

塘边村是江西永新县西部一个偏僻的山村。1928年夏，毛泽东率领红四军三十一团部分指战员先后三次深入永新县塘边村进行土地调查，开展土地革命的试点工作。毛泽东领导塘边群众打土豪，分田地，使塘边成为井冈山根据地土地革命的典范，有力地推动了边界土地革命运动的深入开展。

> 阅读拓展

塘边分田

当时的塘边村有80多户人家，共300多人，村子周围有耕地1300多亩。但是，其中有三分之二的土地（900多亩）被外村大土豪占有。一个是南城石桥上大土豪外号叫"美仔眼"的，占有700多亩。另一个是南城洲头上土豪外号叫"王里老二"的，占有200多亩。

毛泽东就启发农民：你们塘边村40多户贫苦农民才只有40多亩田地，少数几户地主却有900多亩，占了田地总数的百分之七八十。田地是农民开垦的，却让豪绅地主占去了，这不公平，要夺回来。共产党和红军就是要打土豪，分田地，要让土地回老家。随

---

① 竹牌上写明户主、坐落位置、边界、面积。

后选举产生了乡土地委员会具体负责分田工作,依靠贫雇农,团结中农,严惩土豪劣绅,将全村人口、土地登记造册,以原耕地为基础,好坏搭配,按人口平均分配,张榜公布,在绝大部分群众通过之后,统一写好牌子,分给各家各户自己安插,然后由乡苏维埃政府分组检查、落实。

■ 闽西、赣西南土地革命的蓬勃开展

1928年7月,闽西溪南成立苏维埃政府,在邓子恢、张鼎丞等的带领下,组织社会调查,制定土地政策,展开分田工作。1929年春,毛泽东率领红四军进入赣南、闽西,建立农村革命根据地,随后,分田运动在闽西苏区和赣西南苏区蓬勃开展。

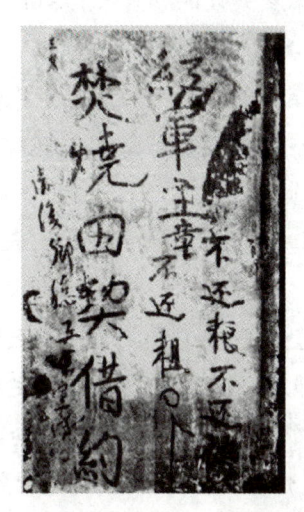

江西会昌县周田镇的标语

文史百科

龙岩山歌①

阿婆苦了几十年,红军来后分了田;
田契换上耕田证,土地还家喜连连。
香糯酿酒美又甜,酒甜难比有了田;
酒甜只能甜一时,有田就能甜年年。
耕田证啊贴胸前,它比金银还值钱;
油纸包了几多层,放在枕下最安全。
睡前仔细看一遍,三更半夜捻着边;
做梦也在大声喊,田中喷出幸福泉。

---

①1930年,闽西完成土地分配、焚烧旧地契和颁发土地证后,世代受尽地主剥削的贫苦农民手捧耕田证,跑到自己分到的土地上,唱起幸福山歌。

> **阅读拓展**

邓小平在瑞金分田

"天天盼,夜夜盼,盼着红军和共产党来,就是希望能分到属于自己的田地!"这是瑞金农民老表的心里话。可是,1931年夏天,在瑞金苏区不少乡村,许多贫苦农民却未分到一分田,他们心里别提有多着急。"怎么会这样呢?土地革命在瑞金进行两年多了,怎么会有这么多的乡村没有开展分田运动呢?"刚上任不久的瑞金县委书记邓小平,在县里不少乡村调查一番后,发现瑞金的分田情况大大出乎他的意料。原来,在1930年的春天,瑞金县农民暴动胜利后,一些乡村曾经分过一次田,但没有一个好的办法,农民反映不好。反动势力反扑回来后,农民得到的革命果实——土地又被夺了回去。

邓小平通过深入细致的调查,摸清了瑞金眼下分田的情况,深感忧虑。他专门召开了全县分田工作会议。在会上,他提出应该根据瑞金土地革命开展的情况,从实际出发,贯彻毛泽东同志为苏区制定的土地革命方法、方针、政策,坚决实行以原耕地为基础,抽多补少,抽肥补瘦的原则,分田时要逐块丈量,好差田要搭配分,分田中同时划分阶级成分,使阶级阵线清楚,既不侵犯中农的利益,也不要过分打击富农。这一方案得到大家的广泛赞同。

就这样,全县干部统一思想后,分田又一次开始了。分田方案制定后,县委、县苏维埃政府立即用布告的形式四处张贴宣传。穷苦老百姓闻讯,都欢天喜地。

> **课后研学**

1. 土地革命时期,中国共产党是如何组织和领导群众解决农民土地问题的?
2. 请从乡村振兴的角度,谈谈中国共产党是如何解决农村发展问题的。

第4课

风展红旗如画

土地革命的兴起和苏维埃政权的建立,使受压迫的贫苦农民在政治上翻了身,当家做主人,在经济上实现了"耕者有其田"。政治经济地位的提高,极大地激发了广大贫苦农民的革命和建设热情。苏区民众积极响应苏维埃政府的号召,投入到发展生产、支前参战、保卫根据地的运动中,推动革命不断向前发展。

★ 土地革命改变了农村社会关系

土地革命使农村旧有不平等的土地占有状况彻底改变,生产关系和社会关系发生了重大变化。中国共产党通过在农村建立苏维埃政权,进行民主选举、阶级斗争、妇女解放,以及发展合作经济和文化教育等革命实践,激发了苏区民众的革命和建设热情,改变了农村社会的政治面貌。

■ 农民政治上翻身做主人

红色政权是人民的政权。获得土地后,农民群众积极参加人民政权的建设。广大农民通过选举权和被选举权的获得,第一次有了参政议政的机会,享受着自由、民主的权利,真正成为自己的主人。

中央苏区选民大会使用的选民证

史料链接

苏区土地革命的威力,扫荡了一切封建的残迹,千百万农民群众从长期的黑暗中惊醒起来,夺取了地主阶级的全部土地财产,没收了富农的好田,废除了高利贷,取消了苛捐杂税,打倒了一切与革命为敌的人,而建立了自己的政权。农民群众第一次从地狱中出来,取得了主人翁资格,这就是苏维埃政权下与国民党政权下农村状态的根本区别。

——毛泽东《在第二次全国苏维埃代表大会上的报告》

问题思考

1928年1月24日,正是农历正月初二,遂川县工农兵政府成立大会在李家坪广场召开。这一天是个万里无云的大晴天,和煦的阳光普照大地,温暖了遂川人民的心。在鲜红的太阳底下,遂川县城内外锣鼓喧天,一两万翻身工农高举红旗,扛着梭镖、大刀,潮水般地涌向李家坪广场庆祝工农兵政府成立。在一片锣鼓声中,毛泽东、何挺颖、张子清、陈正人、王次淳、宛希先等登上主席台。

毛泽东在大会上做了重要讲话:"同志们!新年伊始,遂川县工农兵政府成立了!我们的工农劳苦群众解放了!这标志着工农群众可以当家作主。"他指着身边的王次淳说:"我们的王次淳县长,是西庄村人。前几天还在挑大粪,现在要当县长了。过去,土豪劣绅当权,我们是这个。"毛泽东伸出一个小拇指。然后,他又伸出一个大拇指说:"如今,农民当县长,我们是这个。这是自古以来都没有的事。以后王县长就要带领大家一起闹革命。我们工农群众要拥护我们自己的政府,拥护我们自己的县长。"

最后,毛泽东号召大家:"革命靠一个县长不行,还要靠大家团结起来,拧成一股绳。"毛泽东深入浅出、朴实无华的讲话,鼓舞了遂川县的工农群众,激发了工农群众参加革命的积极性和主动性。

想一想:
毛泽东为什么认为王次淳能当好县长?

第4课　风展红旗如画

人物介绍

王次淳(1902—1931)，江西遂川人，中共党员。1927年，参加万安县农民自卫军。1928年1月，任遂川县工农兵政府主席。1929年1月，任于都县工农兵政府副主席。1931年，在永新牺牲。

王次淳

妇女的解放

通过土地革命，广大苏区妇女在政治、经济、婚姻、文化教育及社会地位等方面获得了翻身解放，极大地调动了她们的革命热情。获得翻身的苏区妇女积极响应党和苏维埃政府的号召，投身于革命斗争的洪流之中，积极参加生产劳动、拥军支前、参政议政，享受各种民主政治权利。

《红色中华》报刊登的苏区妇女工作漫画

史料链接

女子的劳苦实在比男子要厉害。她们的工作不成片段，这件未歇，那件又到。她们是男子经济(封建经济以至初期资本主义经济)的附属品。男子虽已脱离了农奴地位，女子却依然是男子的农奴或半农奴。她们没有政治地位，没有人身自由，她们的痛苦比一切人大。

——毛泽东《寻乌调查》

第一单元　土地革命

问题思考

1933年，江西苏区16个县，县级妇女干部有27人，兴国一县有20多名妇女担任乡主席。1934年初新组成的城乡苏维埃代表大会中，妇女代表一般占代表总数的25%以上，有的地方如上杭县的上才溪乡和下才溪乡，妇女代表分别占60%和66%。

想一想：

苏区妇女参政议政的权利是如何实现的？

江西永新县鹅岭乡的标语

文史百科

苏区歌谣

一岁娇，二岁娇，三岁拾柴爹娘烧，四岁五岁学绩麻，六岁七岁纺棉纱，八岁九岁学绣花，十岁绣个牡丹花，十一十二放牛羊，十三十四学种瓜，十五十六做嫁妆，十七十八带子带女转外家。

妇女解放歌

一早起来做到日落西，风吹雨打有谁知，真正痛苦呀，真正可怜呀，劝我妇女们，快快觉悟起。

字又不会写书又不会读，拿起算盘又不会算，一生受人欺，永世不自由，劝我妇女们，读书不可慢。

地主豪绅剥削我穷人，挑拨离间破坏我团结，我们要热心，加强工农会，打破旧封建，建设新社会。

共产党领导妇女工作，我们来唱妇女解放歌，振起我精神，巩固我团结，努力去奋斗，胜利归我们。

结婚证 　　离婚登记证

★ 土地革命促进了农村经济发展

土地革命使许多无地少地的农民获得土地，极大地调动了农民的生产积极

性,农民积极投身于农田基本建设,改良农业生产方法,推动了农业生产的发展,改善了自己的生活。

农业生产发展

土地革命后,根据地的农民群众在苏维埃政府的领导下,大力开荒造田,改良耕作技术,成立信用合作社、劳动互助社和犁牛合作社,贯彻"农业第一,以粮为主"等农业政策,使农村耕地面积不断扩大,农业生产效率稳步提升,有力地保障了苏区军民的粮食供给。

> **史料链接**
>
> 去年①闽浙赣省平均每亩田收谷四担,比前年增加了一担……油菜比革命前增加一倍,棉花足以自给,不用到白区去买;开荒三万多亩,增加几十万担米谷;修成水路六百零二条,石坝二百三十支,山塘七百五十口。整个苏区的秋收,平均增加了一成半。
>
> ——《江西苏区妇女运动史料选编》
>
> 在帝国主义国民党统治下的白区,荒田可惊人地日益增加。而在苏区,则荒田渐被消灭。根据中央土地部大约的统计,去年②在中央苏区消灭了二十一万余担,与闽浙赣合计,共消灭了三十二万担。这是苏维埃经济建设上的一个具有重大意义的胜利。
>
> ——中央机关报《斗争》(一九三四年二月二十日)

江西、福建、粤赣三省开垦荒地一览表

单位:担

年别	江西省	福建省	粤赣省
1933 年	190000	未统计	未统计
1934 年	30000	18948	12013

注:资料来源于中央粮食人民委员会旧址《中央苏区粮食史迹展览》。

①②去年,指 1933 年。

第一单元　土地革命

■ 农民生活改善

通过土地改革，废除苛捐杂税，焚毁粮册及地主田契借券，大大减轻了农民负担，农民的生产成果由自己掌握，生活状况得到了改善。

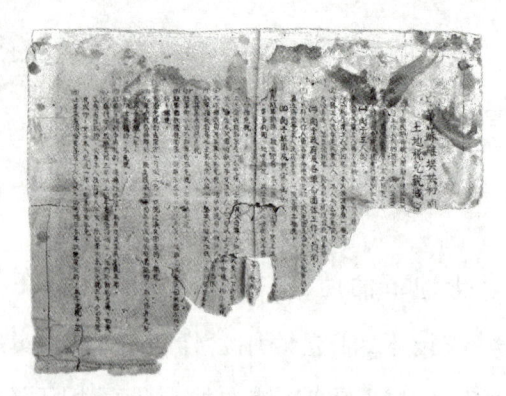

《中华苏维埃共和国土地税免税减税暂行条例》

文史百科

赣南歌谣（有删减）

国民党呀好不好？
百姓三餐都没饱。
共产党呀好不好？
领导百姓都吃饱。
……
穷苦人家笑连连，
三荒五月有饭吃，
九冬十月有衣添。

土地税免税证收据

兴国县8个家庭土地革命前后农业负担变化表

户主	分田前收入	负担	百分比	分田后收入	农田税	百分比	备注
傅济庭	23石	3石	13%	23石	1.15石	5%	分田后人均4.6石
李昌英	30石	9石	30%	25石	1.25石	5%	分田后人均4石
温奉章	90石	55石	61%	30石	2.7石	9%	分田后人均7.5石
陈侦山	30石	5石	17%	49石	4.41石	9%	分田后人均7石
钟得五	66石	21.6石	33%	60石	4.2石	7%	分田后人均5.5石
黄大春	5石	—	—	28石	2.52石	9%	分田后人均7石
陈北平	52石	10石	19%	50石	3.5石	7%	分田后人均5.5石
雷汉香	36石	26石	72%	32.5石	3石	9%	分田后人均6.5石

注：资料来源于《毛泽东农村调查文集》，人民出版社1982年版。

史料链接

农民分得了土地,不交租,不还债,不纳捐税(当时土地税很轻),每家每户都在自己的土地上积极劳动,精耕细作,增施肥料,每个乡村都兴修水利,因此是年夏季水稻普遍丰收,农民收入增加,生活改善,农村中一片欢乐声,市场交易也日益繁盛。

——邓子恢《龙岩人民革命斗争回忆录》

人物介绍

邓子恢(1896—1972),福建龙岩人,闽西革命根据地主要创建人之一,历任中共龙岩县委宣传部部长、上杭县委宣传部部长、闽西特委书记、闽西苏维埃政府主席等职,参与领导闽西军事斗争、土地革命等工作。中华人民共和国成立后,曾任中共中央农村工作部部长、国务院副总理、全国政协副主席等职。

邓子恢

★ 土地革命后农民拥护共产党,拥护红色政权

土地革命后,广大农民逐渐认识到其政治、经济、社会地位的提升,是在党和苏维埃政府的领导下实现的,为了保卫自己的利益,就必须响应苏维埃政府的号召,踊跃参加红军、赤卫队等革命武装队伍,拥护共产党和红色政权,为巩固苏区和夺取革命战争的胜利做出贡献。

■ 农民参军参战,保卫胜利果实

政治上翻了身、经济上分到土地、生活上得到保障的广大贫雇农,在中国共产党和红色政权的领导下,积极响应和参加扩红运动,广大苏区妇女送夫参军、送子参军,支援前线,保卫红色政权的胜利果实。

第一单元　土地革命

1928—1933年中央红色区域参军和参加工作人数统计

乡别	全乡青壮年（人）	参军和参加工作人数（人）	占总人数（%）
长冈乡（江西）	407	320	79%
上才溪乡（福建）	554	485	88%
下才溪乡（福建）	756	526	70%

注：资料来源于《苏维埃中国》。

文史百科

五更鼓劝妻

一更鼓儿咚，飕飕西北风，可怜贫苦人，无衣过寒冬，一炉糠火长夜烘。
二更鼓儿铛，提起实心伤，辛苦赚的钱，豪绅剥削光，无被无裤睡光床。
三更鼓儿敲，饥寒实难熬，终年勤耕种，有吃一餐饱，割的稻子归富豪。
四更鼓儿惊，痛苦日益深，无钱供儿女，无衣奉双亲，啼饥号寒不忍听。
五更鼓儿起，双脚踩下地，丈夫去打柴，妻子理织机，起早贪黑谋生计。
唱完五更鼓，莫愁无出路，准备去革命，推翻旧政府，铲除豪绅和地主。

阅读拓展

华屋的17棵青松

江西瑞金有一个叫华屋的地方。因整个村庄都姓华，故称华屋。华屋村后山上种有数以万计的松树，其中有17棵备受瞩目。

这是一段悲壮往事。20世纪30年代初，为打破敌人的"围剿"，中央苏区开展大规模扩红运动。华屋的40多户群众积极响应，将17位青年壮士送入红军队伍。1934年中央红军战略转移前，这17位红军战士回乡与亲人道别。大家商量，临行前每人到后山种1棵松树，约定革命胜利后一起返乡。他们还做出承诺，如果有人回不来，活着的人不仅要为阵亡的战友照顾好父母，而且还要照看好这些松树。

在赣南人看来，松树代表着万古长青与坚贞不屈。17位红军战士深知，参加革命就意味着牺牲，栽下这些松树，就是要坚信："青松常在，革命必胜！"无论自己能否活着回来,四季常青的松树一定会见证胜利;即使牺牲了,苍翠挺拔的青松也一定会替自己守护家园,荫泽后人。

时任中华苏维埃共和国国家政治保卫局文书的华质彬,是这17位红军战士中年纪最大的。离开家的这一天,天降大雨。临别之际,他再三叮嘱妻子照看好孩子。随后,华质彬戴上斗笠、穿上蓑衣,健步走出家门。看到父亲要远行,9岁的儿子华丕恢追出门外,大声哭喊着要和父亲一起走。听到儿子的喊声,华质彬不仅没有停下,反而加快脚步消失在滂沱大雨之中。华丕恢不曾想到,这次别离,竟然成为他与父亲的生死诀别。父亲戴着斗笠、冒雨前行的背影,永远地定格在他的脑海里。

17棵青松旁的红军烈士纪念亭

这一年,17位红军战士中,最年长的39岁,年龄最小的华崇宜仅15岁。

青松依然在,未见儿郎归。80多年来,17棵青松在乡亲们的精心呵护下茁壮成长。然而,当初栽种它们的红军战士却杳无音讯,一去不返。朝思夜盼的华屋人,经多方打听,得知这些亲人都先后牺牲在长征途中。他们或许牺牲在了湘江,或许躺卧在了雪山,或许长眠在了草地……

■ 誓死保卫红色政权

建立红色苏维埃政权,开展土地革命,唤醒了广大农民的政治觉悟,他们积极参加地方游击队、赤卫队等武装队伍,舍生忘死、众志成城、同心协力,与敌人展开针锋相对的军事斗争,誓死保卫红色政权,保卫革命根据地。

阅读拓展

革命信念是这样产生的

独臂将军彭清云晚年回忆道:"井冈山根据地建立以后,一场轰轰烈烈的土地革命运动,在井冈山各县如火如荼地开展起来。毛主席亲自制定的分田临时纲领十七条,有力地推动了永新的分田运动,在我们那一带远离县城的山村里也出现了一派'分田分地真忙'的革命景象。我们家也同村里的穷人一样,分了地,分了房。从祖祖辈辈租种地主

第一单元 土地革命

的土地,一下子从地主手里分得了属于自己的土地,这对于广大的贫苦农民来说,真是开天辟地的大事情,村里人真是高兴极了。我记得我们村分田的那些日子里,我父母和弟弟妹妹们又说又笑,兴高采烈,庆幸从此有了好日子。伟大的土地革命运动,不仅极大地冲击了几千年的封建制度,同时也极大地唤醒了广大农民的阶级觉悟。我当时只有10岁,还是一个不太懂事的孩子,但轰轰烈烈的土地革命冲击着我幼小的心灵,对家乡出现的翻天覆地的变化,我看在眼里,想在心里,热爱共产党、热爱毛主席的朴素感情油然而生,并由此萌生了当红军、干革命的念头。"

人物介绍

彭清云(1918—1995),江西永新人。1933年,参加中国工农红军。1934年,加入中国共产党。土地革命战争时期,任湘赣苏区共青团省委巡视员、宁冈县工会青工部部长等职,参加了湘赣、湘鄂川黔苏区反"围剿"和长征。1938年,在抗日战争中,英勇作战,不幸被敌军机枪子弹打穿右肘关节,白求恩大夫为其做了右臂截肢手术。1955年,被授予少将军衔。

彭清云

■ 购买公债、捐钱捐粮支持革命

为了冲破敌人的经济封锁,支援革命战争与苏维埃建设,分得土地的农民以极大的热情,节衣缩食,无私奉献,倾其所有,积极捐钱捐粮,纷纷购买战争公债和经济建设公债,保证了红军的给养,为巩固红色政权做出了巨大的牺牲。

中华苏维埃共和国经济建设公债券

问题思考

为发展苏区的经济事业,改善群众生活,充实战争力量,特发行经济建设公债,以三分之二作为发展对外贸易,调剂粮食,发展合作社及农业与工业的生产之用,以三分之一作为军事经费。公债以粮食调剂局、对外贸易局及其他国营企业所得利润为付还本息之基金。公债准许买卖抵押并做其他担保品之用。

想一想:

公债在国家社会经济建设中的经济职能是什么?

阅读拓展

许先沐买公债

1933年秋的一个晚上,在中央苏区粤赣省西江县西江区的一个大坪上,1000多名干部群众正聚在那里开会,区领导传达中央政府关于发行300万元经济建设公债的决定。传达一结束,一位年过半百的老贫农粗声大气地喊了一声:"我许先沐买30元。"

"30元?现在大家的生活比较困难,行吗?"区领导略有怀疑地问。

"我响应毛主席的号召,搞好根据地建设,没问题。我在家中有20元准备添置棺木的钱,再把几十只鸡、鸭、鹅一卖,凑30元还有多。"

"这个主你能做吗?要是大姨(伯母)不同意呢?还是回家商量好再定。"一位区领导半开玩笑地说。

"支援红军,多打胜仗,这个主我做定了!"老许拍着胸脯,自信地说。

"好,先沐同志带了个好头。"会场顿时爆发出一阵热烈的掌声……

散会后,老许兴冲冲地将大家踊跃购买公债的事告诉老伴。老伴见老许那么高兴,就问他买了多少。

"已经认购30元。"老许得意地说。

谁知大姨却不太高兴:"买公债我不反对,全部钱买了,寿床哪时合?不合寿床,老骨头都冇地方放。"

老许耐心地开导说:"买公债是共产党、毛主席的号召,是为了支援苏区建设,支援红军多打胜仗。冇共产党和红军,就冇好日子。莫说公债有还,即使冇还也应该。咱俩上花甲还差七八年,现在身体又还健壮,合寿床推迟几年也冇要紧。"

苏区群众给苏维埃政府和红军捐粮

第一单元　土地革命

　　大娭觉得老许说得有道理,这几年搭帮共产党、毛主席领导的红军才过上好日子,如果红军向咱借点钱都不肯,就是翻身忘本。大娭细细地想了想,激动地说:"老头子,那就再买10元。"

　　"刚才说买得太多,现在又说再买10元。老东西,你还在气我。"老许边说边抓头发。

　　"老头子,我不是气你,我出嫁时娘家给了点发家钱,还留在箱角有用掉,这次就拿出来买公债。"

　　"好,就这么定,明天一早我再去增购10元。"老许拍了一下大娭的肩膀。

　　许先沐夫妇买公债的事,在中央苏区广为流传,中华苏维埃共和国临时中央政府机关报《红色中华》于1933年10月9日刊登了许先沐的事迹。西江县的干部群众也深受鼓舞,全县公债推销工作搞得更加红火。

课后研学

1. 马克思说,随着每一次社会的巨大变革,人们的观念也会发生变革。土地革命引发了民众怎样的观念变革?

2. 土地革命时期,农民是如何拥护共产党、拥护红军的?

第二单元　武装斗争

　　武装斗争是中国民主革命的主要斗争形式，是进行土地革命、巩固和发展革命根据地最有力的工具。在武装斗争中诞生的红军是执行无产阶级革命政治任务、听党指挥的人民革命军队，根植于人民群众，服务于人民群众，在战争中成长、壮大，是一所大学校、一座大熔炉，是缔造战争神话的不可战胜的力量。

第5课

枪杆子里面出政权

创立新型人民军队,使之成为执行无产阶级革命政治任务的武装集团,是马克思主义政党的重要任务。大革命失败后,中国共产党从挫折中认识到,要完成中国革命任务,必须有一支自己的军队;如果没有自己的军队,就没有共产党的地位,就不能完成任何革命任务。因此,建设一支军队,一支为谁服务、为谁打仗的军队成为中国共产党人最紧要的工作。

★ 武装斗争是中国革命的主要形式

近代中国是一个半殖民地半封建社会的国家。内部没有民主制度,有的只是封建制度的剥削和压迫;外部没有民族独立,受到帝国主义侵略和欺辱。这一特殊国情决定了武装斗争是无产阶级革命的基本形式和途径。

■ 中国没有民主制度,议会斗争无从谈起

中国是一个有两千多年封建君主专制统治的国家,在历史上没有民主传统,民主政治的发展无从谈起。近代以来,许多仁人志士曾试图在中国实行资本主义制度,以促进中国的进步,摆脱贫穷落后挨打的局面。但由于帝国主义、封建主义和官僚资本主义的联合势力凭借其强大的军队,对人民实行独裁统治,资本主义民主制度在中国屡试屡败。这就决定了中国革命不能像西方资本主义国家

一样通过长期的议会斗争去推翻反动统治,而必须掌握革命武装,组织武装斗争,才能争取民族独立和人民解放。

概念解析

议会斗争是非暴力政治斗争的一种,是指社会各个阶级、政党、集团及其代表在议会里所进行的斗争。这种斗争直接影响到国家政策,斗争各方都进行理论宣传、施加政治压力,以实现自己的集团利益。

史料链接

后日袁世凯称帝,中华革命党遂起义于广东、山东、长江流域各省。未几袁氏死而黎元洪继之。当时各同志又不能继续奋斗到底,人人以为黎氏复职,民国政治可以逐渐整理,不肯继续革命。后来张勋复辟,吾等实行护法。然革命始终不能彻底,稍有少许成功即行收束,以为妥协。而革命事业,终后〔始〕未能成功。

——孙中山《在广州大本营对国民党员的演说》

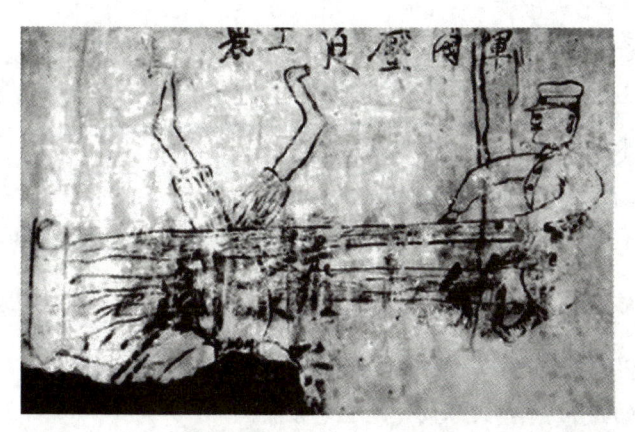

军阀压迫工农(壁画)　　蒋介石制造军阀混战(壁画)

第二单元 武装斗争

> **阅读拓展**

我想起了陈涉吴广（有删减）

郭沫若

一

我想起了几千年前的陈涉，
我想起了几千年前的吴广，
他们是农民暴动的前驱，
他们由农民出身，称过帝王。
……

二

中国有四万万的人口，
农民占百分之八十以上。
这三万二千万以上的农民，
他们的生活如今怎样？
……

三

农民生活为甚么惨到了这般模样？
朋友哟，这是我们中国出了无数的始皇！
还有那外来的帝国主义者的压迫，
比秦时的匈奴还要有五百万倍的嚣张！

他们的炮舰政策在我们的头上跳梁，
他们的经济侵略吸尽了我们的血浆。
他们豢养的走狗：军阀、买办、地主、官僚，
这便是我们中国的无数新出的始皇。
……

■ 国民党反动派的血腥屠杀

为了维护国民党一党专制及其独裁统治，蒋介石集团在政治上排斥异己，实行所谓"训政"，建立特务组织，强化国家机器，并将其渗透到政治、经济、军事、文化各个领域，打击民主力量，实行恐怖统治。同时，制定名目繁多的反动法令，剥夺人民的自由、民主权利，对革命者、进步人士进行残酷迫害。

> **名言警句**
>
> 在中国，离开了武装斗争，就没有无产阶级的地位，就没有人民的地位，就没有共产党的地位，就没有革命的胜利。
>
> ——毛泽东

共产党人和革命群众被杀害

史料链接

一九一一年，我们推翻了清朝皇帝。接着就是各派军阀混战，那时中国还没有共产党。有了共产党以后，就进行了革命战争，那也不是我们要打，是帝国主义、国民党要打。一九二一年，中国成立了共产党，我就变成共产党员了。那时候，我们也没有准备打仗。我是一个知识分子，当一个小学教员，也没学过军事，怎么知道打仗呢？就是由于国民党搞白色恐怖，把工会、农会都打掉了，把五万共产党员杀了一大批，抓了一大批，我们才拿起枪来，上山打游击。

——毛泽东《支持被压迫人民反对帝国主义的战争》

第二单元　武装斗争

★ 武装起义与红军诞生

大革命失败的惨痛教训,使中国共产党认识到,面对国民党反动派的屠杀政策,只有拿起枪杆子,进行武装斗争,以革命的暴力对付反革命的暴力,才能保存革命的力量,才能挽救中国革命于危难之中,才能开创斗争的新局面。在武装斗争的革命实践中,中国共产党公开打出了自己的旗帜,创建了新型的人民军队——中国工农红军。

■ 各地武装起义及革命武装的建立

党的八七会议之后,在南昌起义、秋收起义和广州起义的带动和影响下,自1927年秋至1929年冬,全国12个省先后爆发了100余次武装起义,组建了工农革命军,奠定了中国共产党领导的革命武装的坚实基础。

广州起义

1927—1929年各地主要武装起义一览表

名称	时间	地点	主要领导人
南昌起义	1927年8月1日	江西南昌	周恩来、贺龙、叶挺、朱德、刘伯承
湘赣边秋收起义	1927年9月	江西修水、铜鼓、安源	毛泽东、卢德铭
鄂南农民起义	1927年10月	湖北咸宁、崇阳	董必武等
确山农民起义	1927年11月	河南确山、刘店	杨靖宇等
黄麻起义	1927年11月	湖北黄安、麻城	潘忠汝、吴光浩、戴克敏
广州起义	1927年12月	广东广州	张太雷、叶挺、叶剑英等

续表

名称	时间	地点	主要领导人
弋横农民起义	1928年1月	江西弋阳、横峰	方志敏、邵式平、黄道
湘南起义	1928年1月	湖南宜章、郴县、资兴、永兴、耒阳	朱德、陈毅
湘鄂边武装起义	1928年3月	湖南桑植、湖北鹤峰	周逸群、贺龙、贺锦斋
闽西地区农民起义	1928年3月	福建龙岩、上杭、永定	郭滴人、邓子恢、张鼎丞
渭华起义	1928年5月	陕西渭南、华县	唐澍、谢子长、刘志丹
平江起义	1928年7月	湖南平江	彭德怀、滕代远、黄公略
百色起义	1929年12月	广西百色等地	邓小平、张云逸

注：资料来源于长城出版社编著《中国人民解放军历史资料图集》，长城出版社2002年版。

文史百科

朱德来会毛泽东
（山歌）

日头一出就红又红，朱德来会毛泽东。
为我穷人就谋解放，革命一定会成功。

史料链接

毛泽东同志在《中国革命和中国共产党》中指出："中国革命的主要方法，中国革命的主要形式，不能是和平的，而必须是武装的……"这正是从实际斗争的无数经验中得出的不可更易的结论。在南昌起义以前，中国革命的工农群众就已经起来，普遍地要求掌握武装。他们跑到各地工会和农民协会去要枪要手榴弹，自动地组织了工人纠察队和农民自卫队。他们懂得：在那样残暴的敌人面前，离开了武装，就不可能有人民的民主权利；自己如果没有武装，就没有一切。

——聂荣臻《南昌起义的历史意义和经验教训》

第二单元　武装斗争

■ "红军"称谓的正式确定

随着全国各地武装斗争的广泛开展,革命武装力量不断壮大。为了统一党领导的革命武装的名称,1928年5月,中共中央做出决定,将割据区域建立的军队统一定名为红军。根据这一指示,1928年6月4日,井冈山革命根据地的中国工农革命军第四军正式更名为中国工农红军第四军,简称"红四军"。

名言警句

暴力是每一个孕育着新社会的旧社会的助产婆。暴力本身就是一种经济力。

——马克思

井冈山会师纪念碑

史料链接

为保障暴动的胜利与扩大暴动,建立红军已为目前的要务,不一定要等到一省或一国暴动成功,只要能建立一割据区域,便应当开始建立红军的工作。在割据区域所建立之军队,可正式定名为红军,取消以前工农革命军的名义,惟在暴动各县有工农革命独立团的,仍可听其存在。红军之编制,须依武装及作战需要而定,暴动的群众既不能有多量的武器,在作战时必须参用旧式的粉枪、大刀、梭标〔镖〕、尖串等,其作战亦多系乡村战争,故暂决定试用三五制,即以十二人为一班,三班为一排,五排为一连,五连为一团,五团为一师,每师共四千五百人。每团五连,用步枪者二连,用粉枪者一连,用大刀、尖串者二连(此外尚有侦探、交通、军医、特务各种组织,至其他各特种组织,则依所有武器决定之)。此系采太平军制的精神而求适合于游击战争的需要。各省割据区域,即可试用此制,以便依实际经验,而为最后之决定。

——《中央通告第五十一号——军事工作大纲》

阅读拓展

红军军帽、军服的设计

中华苏维埃共和国成立前的红军初创时期,由于条件十分艰苦,红军无力制作统一的军装,部队里穿什么衣服的都有。很多指战员穿的是摘掉领章帽徽的白军军服,有的穿着工人、农民的服装,甚至有人穿着打土豪没收来的花花绿绿的女人衣服。也有一小部分部队在缴获了一批布匹后,制作红军自己的服装,其中帽子采用苏联红军列宁帽的形状。列宁帽就是影片《列宁在十月》中列宁戴的那种大八角帽。总之,各部队的服装五花八门、杂乱无章。

中华苏维埃共和国建立后,在瑞金成立了红军学校。1932年初,刘伯承调入红军学校任校长。他到任后,在每天出操或集合时,看到从各部队抽调来的学员穿着五花八门的衣服,队列显得很不整齐,就把学校俱乐部主任赵品三找来说:"学员的着装太乱了,现在已经成立中华苏维埃共和国了,有条件制作统一的军服了。听说你多才多艺,还是个能工巧匠,你就负责设计一套军服吧!"

赵品三领命后,仔细琢磨,觉得应该参照苏联红军的军装样式,衣服采用套头紧口;帽子嘛,考虑到布琼尼式的军帽不适合我国南方气候,其他种类的军帽多是白军的,不便参照,而部分学员戴的那种大八角帽帽形太大,也不适合中国人的脸型和身材。赵品三考虑来考虑去,画了许多草图,觉得还是采用八角式,以表示红军是工农武装,不过要将帽形缩小,改成小八角,这样看起来与中国人的脸型和身材比较般配。他又找来负责总务的杨至成给提意见,杨至成看了草图后也表示赞成。于是,杨至成买来布料,赵品三将帽子剪裁成型,然后手工缝制,帽前再缀上一颗红五星;而服装则由裁缝依样制作,取回服装后,赵品三又在领子上缝上两枚红领章,这也是参照苏联红军服装的样式。军装制好后,赵品三找来学员试穿,他发现这种紧口套头的样式让学员穿起来不方便,也不适合我国南方的气候,于是改成开襟敞口。赵品三又做了几套军装让学员穿上,请刘伯承校长亲自审定。刘伯承看后十分满意,立即指示杨至成照此样式给全校教员和学员每人做

第二单元　武装斗争

一套。红军学校学员穿上新式军装后，整齐划一，威武雄壮，很快引起了总部首长和各部队的注意。于是，中央苏区各部队纷纷效法红军学校，穿上了同样制式的小八角帽新式军装。从此，红军就有了属于自己的统一军装。

★ 红军的建军纲领和原则

随着红军和农村革命根据地的发展，怎样建设一支新型人民军队的问题摆在了中国共产党及其领导的各地武装起义部队面前。为此，以毛泽东、朱德为代表的中国共产党人在实践中积极探索，尤其是围绕着红军中党的政治建设和思想建设，制定了一系列正确的建军纲领和原则。

> **名言警句**
>
> 在中国，主要的斗争形式是战争，而主要的组织形式是军队。其他一切，例如民众的组织和民众的斗争等等，都是非常重要的，都是一定不可少，一定不可忽视，但都是为着战争的。
>
> ——毛泽东

■ 红军的性质和任务

红军的创建仅仅表明了军队的归属，还没有真正解决其无产阶级性质，没有解决为谁当兵、为谁打仗、为谁服务的问题。在井冈山斗争时期，毛泽东等人从实际出发，提出：红军是中国共产党领导的无产阶级性质的新型军队，来自人民，为人民服务。红军的三大任务是打仗、筹款和做群众工作。红军既是战斗队，也是工作队、宣传队。

《三大纪律八个注意说明》

1928年，毛泽东率领工农革命军在湖南桂东沙田休整时，正式颁布了"三大纪律、六项注意"。"三大纪律、六项注意"后发展为"三大纪律、八项注意"

阅读拓展

红军是工作队和宣传队

曾志在《回忆在井冈山的战斗生活》中说："行军途中，毛主席要求所有的团、营、连队的干部都要做群众工作。……一到宿营地，我们就到老百姓家去访贫问苦，宣传红军的宗旨，宣传三大纪律、六项注意。贫雇农们看到我们确实和国民党的部队不一样，看到我们对他们的老人、小孩都很热情，看到我们称他们为'老表''老板娘''老弟'，都是很尊重他们的，他们很感动，就和我们有说有笑起来，老人、小孩也围拢了过来，就收到了宣传的效果。如果部队在那里宿营三天……我们要分头到贫雇农家里进行宣传和调查工作，调查他们那里土豪劣绅的情况，贫雇农的情况。当时沿途要筹款，先调查清楚了，知道了哪个地主最有钱并且最坏，我们采取罚款的形式，限他们当天或第二天交出；知道哪个大地主家有粮食，我们就做访贫串连〔联〕工作，做好动员工作，然后开仓济贫。为了保护贫雇农，开仓都在晚上进行，有时我们还将粮食送到真正贫苦的贫雇农家里。他们从我们那里得到了好处，于是就更加相信我们了。凡是住上几天的地方，我们都要召开群众大会，公开进行宣传。……开会的时候，我们在下面观察群众在会场上的表现，从中物色贫雇农中的积极分子，对那些真正积极的贫雇农，就秘密给他们组织贫雇农团，他们三人、五人组成秘密组织，实际上就是播下了火种。"

第二单元 武装斗争

📖 史料链接

红军的打仗，不是单纯地为了打仗而打仗，而是为了宣传群众、组织群众、武装群众，并帮助群众建设革命政权才去打仗的，离了对群众的宣传、组织、武装和建设革命政权等项目标，就是失去了打仗的意义，也就是失去了红军存在的意义。

——《古田会议决议》

文史百科

送郎参军

一送郎床面前，嘱咐亲郎莫贪钱，金钱主义要打破，革命才有出头天。
二送郎间门边，嘱咐亲郎心要坚，吃苦耐劳干革命，不要一心想娇莲。
三送郎天井边，亲郎做事莫信天①，犯了纪律受处罚，等到悔过也迟延。
四送郎厅门边，嘱咐亲郎心莫偏，工作方面要谨慎，群众信赖乐无边。
五送郎大门边，一轮红日照中天，黑暗世界过去了，光明大道在面前。
六送郎大路中，劝郎信息要灵通，帝国主义要打倒，工农专政庆大同。
七送郎拱桥头，豪绅地主有路走，靖卫团匪杀得净，还有消灭少走狗。
八送郎出水口，白色区域莫乱走，如果反派识破了，任有才干难开口。
九送郎到村场，亲郎白军切莫当，一心投身红军去，消灭反动有风光。
十送郎十里亭，嘱咐亲郎慢慢行，革命成功回家转，再要同妹行长情。

集体加入红军，奔赴前线

---

① 信天，指乱做事。

■ 听党指挥是红军的军魂

党对军队绝对领导的根本原则和制度,发端于南昌起义,奠基于三湾改编,定型于古田会议,是人民军队完全区别于一切旧军队的政治特质和根本优势。

南昌起义的组织者、领导者是中国共产党。没有中国共产党的坚强领导,就没有南昌起义,也就没有今天的人民军队。三湾改编确立"支部建在连上"的建军原则,从组织上保证了党对军队的绝对领导。古田会议坚持并发展了三湾改编时确立的党对军队绝对领导的原则,健全各级党组织,实行政治委员制度,完成了思想和政治上的建军。

南昌起义

三湾改编浮雕

古田会议

文史百科

三湾改编举红旗

三湾村里红旗升,霞光万道方向明。

改编工农革命军,人民军队庆新生。

创建革命根据地,毛委员是我们带路人。

部队建立党代表,支部建在连队里。

民主作风大发扬,官兵一致一条心。

人民军队党领导,百战百胜向前进。

课后研学

1. 分析大革命失败后,中国共产党领导革命武装开展武装斗争的必然性。

2. 红军的建军原则和宗旨是什么?为什么说这是人民军队与其他旧式军队相区别的根本特征?

第6课

当兵就要当红军

"当兵就要当红军,当红军最光荣",这是革命根据地老百姓唱出的最朴实歌词。为了最广泛地动员农民参军参战,扩大红军的来源和基础,中国共产党积极地发动群众、宣传群众、组织群众、帮助群众、武装群众,以群众的武装保卫革命的果实。同时,红军在中国共产党的领导下,运用正确的战略战术,灵活机动,英勇善战,在一次次打败敌军的战斗中不断发展和壮大。

★ 红军是人民的军队

革命战争中诞生的红军,是中国共产党亲手缔造和领导的革命军队,是为中国无产阶级和广大劳动人民奋斗的武装集团,是人民的子弟兵。从诞生之日起,红军就与中国人民的命运和利益紧密地联系在一起。

■ 红军的来源和构成

一般来说,红军的产生有两种形式:一种是由旧军队暴动过来改编为红军的;一种是从当地群众斗争发展到武装斗争再发展为地方游击队,由游击队集合而为红军的。井冈山斗争时期,红军的来源主要有六种:一是南昌起义旧部;

名言警句

这个军队之所以有力量,是因为所有参加这个军队的人,都具有自觉的纪律;他们不是为着少数人的或狭隘集团的私利,而是为着广大人民群众的利益,为着全民族的利益,而结合,而战斗的。

——毛泽东

第二单元　武装斗争

二是武昌警卫团;三是浏阳、平江的农军;四是萍矿及水口山工人;五是袁、王绿林农民武装和边界各县的农民;六是国民党军的俘虏兵。此外,起义、拖枪过来的敌军也扩大了红军的力量。

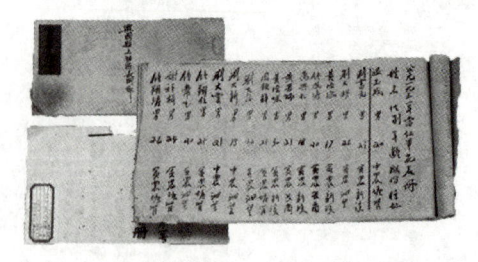

江西兴国县上社区长冈乡当红军花名册之一

史料链接

在与敌人作战得许多俘虏兵,则公开征求同意,如他们愿在红军则马上补名字,如不愿在红军则开欢送会每人发一二元旅费,由士兵代表致欢送词,希望他们觉悟归田去打土豪,不用再当兵,不要再来打工农和红军。敌人的伤兵则上好药发了钱派人宣传,又请他带了大批传单,雇农友抬到敌人区域附近去。敌人得着大批俘虏伤兵回去,只有气得没有办法。

——陈毅《关于朱毛红军的历史及其状况的报告》

红军中农民占57.5%,起义士兵占28%,工人占5.75%,土匪占8.75%。总之,在中国,土匪乃是丧失生计的农民。

——《共产国际、联共(布)与中国革命文献资料选辑(1931—1937)》(第十六卷)

1934年4月,中央苏区红军的来源比例为:由革命根据地来的占77%,由国民党区来的占12%,由国民党军起义来的占4%,由俘虏争取来的占7%。

——荣孟源《第二次国内革命战争时期的中国红军》

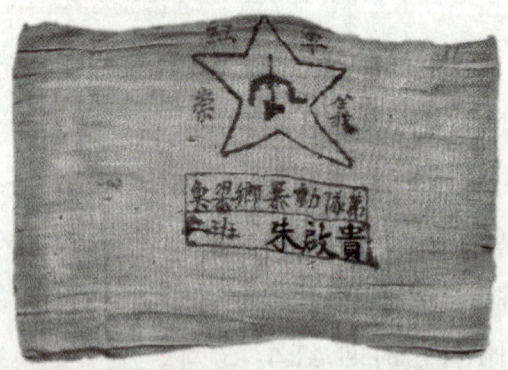

江西崇义县鱼梁乡暴动队第二班朱启贵的红布袖套

阅读拓展

煮好的鸡蛋没吃就走了

瑞金农民曾光祥刚刚和自己家16岁的童养媳宋有发娣完婚,就报名参加了红军。曾光祥跟着队伍离开的时候,妻子宋有发娣拉着他的手,恋恋不舍,嘴上说着:"去吧,跟着队伍走吧。"可是,宋有发娣眼睛里却含着泪水。

曾光祥先是到了西江补充团,宋有发娣来看了两次。去看曾光祥的时候,宋有发娣都会带上新做的布鞋和煮好的鸡蛋。最后一次,宋有发娣来到补充团的时候,曾光祥已经随着队伍出发了,两人没有见上面,煮好的鸡蛋也没有吃上一口。

不幸的是,后来曾光祥在一次战斗中牺牲了。在得到这个消息后,宋有发娣泪眼婆娑,喃喃自语:"要是活着回来多好,我的光祥,我的光祥……"

■ 当红军最光荣

在革命根据地,为了积极向群众宣传红军的宗旨以扩大红军的影响,动员群众参军参战以壮大红军的力量,中国共产党领导各级苏维埃政府除对红军家属按条例优待外,还向送夫、送子当红军的妇女赠送光荣奖章,并在每家的大门上悬挂"当红军是最光荣的"红布横幅。

送子参军

《红军抚恤条例》　　　　　　　　光荣牌

阅读拓展

邓六金立志扩红100名

邓六金(1911—2003),女,福建省上杭县旧县乡新坊村人。她从小就参加了中国共产党少年先锋队,积极投身革命运动。由于革命形势的发展,红军需要大力扩充队伍,邓六金充分发挥自身善于宣传的优势,为扩红工作的开展贡献了自己的力量。

扩红形势严峻,工作紧张,压力巨大。邓六金在艰巨的扩红工作任务面前没有丝毫退缩,主动向组织提出,保证完成扩红100名的任务。邓六金想,要想说服乡亲们参加红军队伍,就要先动员自己的家人参加红军队伍。她一回到家,就对自己的两个姐姐开展扩红动员,告诉她们共产党好,红军好,只有参加红军保卫革命,革命才能成功,穷人才会有出路。最后邓六金说:"剪掉辫子吧,参加红军。"在邓六金的鼓励下,两个姐姐先后参加了红军。因此,福建省苏维埃政府主席张鼎丞称赞她们姐妹是闽西革命中"土窝窝里飞出了三只金凤凰"。

为了积极动员男人们参加红军队伍,邓六金还想方设法组织妇女们在一起集体劳动,以实际行动鼓励男人们积极参加红军队伍。在她的带领下,妇女们或者以一个村为单位,或者以两三个村为单位,大家一起集体劳动,互帮互助,取得良好的劳动成绩。

由于扩红决心大,方法正确,策略得当,邓六金很快就超额完成了扩红100名的任务。

★ 红军在战斗中成长

红军成立之初,力量比较弱小,装备也非常落后,又经常要和比自己强大几倍甚至十几倍的敌军作战。为了打退敌人的军事进攻,保存和发展自己,红军在中国共产党的领导下,结合革命实际,创造了一系列战略战术原则,使割据区域一天天扩大,武器装备一天天换新,红军力量一天天壮大。

■ 敌人进犯"送"礼品

红军创建之初,几乎没有固定的兵工厂生产武器弹药,只有一些简陋的军械修理所,大量的武器装备和弹药补充主要是靠战争缴获。此外,一些日用必需品,如医药、棉布等,除了部分购置外,也主要是通过战争缴获而来。敌人也被红军战士们嘲讽为"运输大队"。

1931—1933年中国工农红军三年战绩统计

年别	击溃敌军(人)	消灭敌军(人)	俘获敌军(人)	缴获武器(支)	缴获电台(架)
1931年	150000	60000	52000	44000	8
1932年	300000	106000	71000	54900	5
1933年	300000	150000	75000	66800	6
总计	750000	316000	198000	165700	19

注:资料来源于《红色中华》报第一百二十一期。

▌阅读拓展▐

装备落后的红军开上了飞机

土地革命战争时期,飞机这种先进装备,红军是想都不敢想的。很多文化较低的红军战士甚至都不认识飞机,当国民党的飞机过来轰炸阵地的时候还站在那里看热闹,根本不知道飞机的厉害之处。

终于有一天,装备落后的红军有了飞机,这在当时可是一件非常新鲜的事情。1932

第二单元　武装斗争

年4月，红军打下福建漳州以后，在机场缴获了敌人来不及转移的两架飞机。得到缴获飞机的消息以后，红军上下都很开心。毛泽东到达漳州的第三天，亲自前往机场观看了缴获的飞机。

当时，红军利用一切可利用的条件，抓紧时间修好了其中的一架飞机，飞机可以正常飞行。这架飞机修好以后，正赶上庆祝五一国际劳动节大会。

1932年红军夺取漳州后缴获的飞机

为了扩大红军的政治影响，红一军团首长命令，由这架飞机在会场上空撒发传单，宣传红军的战果，彰显红军的作战实力。看到红军自己的飞机，队伍上下群情激昂，群众也非常高兴。

大家为这架飞机取了一个特别的名字，叫作"马克思"号。"马克思"号飞机也代表了红军的一种奋斗精神，只要坚持不懈，装备落后的红军队伍终将发展壮大。

文史百科

祝　捷

大雪飞，洗征尘。
敌进犯，"送"礼品。
长途跋涉足未稳，
敌人围攻形势紧。
毛主席战场来指挥，
全军振奋杀敌人。
直罗满山炮声急，
万余敌兵一网擒。
活捉了敌酋牛师长，
军民凯歌高入云。
胜利完成奠基礼，
军民凯歌高入云。

红军打了大胜仗

红军打了大胜仗，
枪炮粮弹往回装，
个个有刀又有枪，
喜洋洋乐洋洋，
唱个歌子进呀进井冈。
红旗飘飘打先锋，
大队人马齐出动，
清算斗争打土豪，
穷人今日闹翻身，
往后日子火样红。

第6课　当兵就要当红军

■ 红军的战略战术和作战原则

红军如何以劣势兵力和落后装备去战胜强大的敌人，这是红军自诞生之日就面临的重大军事问题。为此，各地红军在斗争中结合实际，总结出一系列作战方法，其中最具典型意义的是毛泽东、朱德领导红军创造的"敌进我退、敌驻我扰、敌疲我打、敌退我追"十六字诀。它不仅对井冈山、赣南、闽西的游击战争起了重要的指导作用，而且得到党中央的承认和推广，对其他革命根据地的红军作战也产生了巨大的影响。

史料链接

我们三年来从斗争中所得的战术，真是与古今中外的战术都不同。用我们的战术，群众斗争的发展是一天天扩大的，任何强大的敌力是奈何我们不得的。我们用的战术就是游击的战术，大要说来是："分兵以发动群众，集中以应付敌人。""敌进我退、敌驻我扰、敌疲我打、敌退我追。""固定区域的割据，用波浪式的推进政策。""强敌跟追，用盘旋式的打圈子政策。""很短的时间，很好的方法，发动群众。"

——《中共红四军前委给中央的信》

■ 红军英勇善战

要打败强大的敌人，红军除了要正确地运用军事战略战术原则外，还要具备不畏艰险、英勇顽强的革命精神。因为"普通的兵要训练半年一年才能打仗，我们的兵，昨天入伍今天就要打仗，简直无所谓训练。军事技术太差，作战只靠勇敢"[①]。

赤卫队员与敌人搏斗

---

① 毛泽东：《毛泽东选集》（第一卷），人民出版社1991年版，第64页。

> **阅读拓展**

一鼓作气的闽西奠基战

1929年3月12日,红四军主力到达闽西的四都。盘踞汀州的军阀——福建省防军第二混成旅旅长郭凤鸣闻讯后,13日,派出部队直扑四都。毛泽东、朱德等领导同志分析情况以后,做出有效部署,决定打退来犯的敌人。

这时,中共汀州地下组织的负责人过来接头,提供了汀州城内郭凤鸣的有关情况。下午3时许,在破溪村小河边的草坪上,红四军军委召开扩大会议。毛泽东和朱德、陈毅交换了一下目光,站起来,征求大家的意见,问道:"部队刚打完一场仗,大家都很辛苦,但是决定进攻长岭寨,彻底消灭郭凤鸣。大家意见怎么样?"有的将领说道:"像这样熟透了的桃子,不吃掉它,那才是傻瓜哩。"引得大家哄堂大笑。毛泽东、朱德等人决定趁着部队士气高昂,一鼓作气,打下汀州城,为红军在闽西的发展奠定基础。

3月14日上午,红四军向长岭寨发起总攻。敌人昨天刚刚吃了败仗,仍然心有余悸,现在看到满山遍野的红军奋不顾身地冲上来,早就吓得手脚发软、牙齿打战。敌人像塌方的山石一样,向山下滚去。

就这样,只经过前后不到3个小时的战斗,便把郭凤鸣连同他的省防军第二混成旅全部解决了。下午,红军迈着矫健的步伐,浩浩荡荡地开进了汀州城。城里的群众笑逐颜开,奔走相告。"红军来了!打死了郭凤鸣,解放了汀州城"的消息很快传遍整个汀州,震动了闽西。

★ 红军在国民党军事实力派的混战中发展壮大

当时,中国是一个政治经济发展极不平衡的半殖民地半封建的大国。半殖民地的特征之一就是帝国主义和国内买办豪绅阶级支持着的各派新旧军阀,相互间进行着持续不断的战争。正是因为有了白色政权间长期的分裂和战争,使一小块或若干小块的共产党领导的红色区域以及红军武装能够在四围白色政权包围的中间发生和坚持下来,并波浪式地向前发展。

军阀混战

第6课　当兵就要当红军

■ 国民党军事实力派的混战

　　国民党自组建以来,一直存在较为严重的派系问题。1927年,南京国民政府成立之后,国民党内部逐渐分化出了蒋、桂、冯、阎四大派系。各军阀之间为了自身的利益,各怀鬼胎,明争暗斗,相互勾结利用,不断爆发军事冲突。仅1927年至1930年短短四年时间里,国民党新军阀之间就先后爆发了宁汉战争、蒋桂战争、蒋冯战争、中原大战四次规模较大的混战。

中原大战后准备撤回山西的阎锡山部队

史料链接

李宗仁申述罢免师长鲁涤平与谭道源并将其部队遣散原由致蒋介石电
（1929年2月21日）

　　南京国民政府蒋主席、国民革命军总司令钧鉴:国军编遣委员会各委员、行政院院长、军政部部长勋鉴:本集团军师长鲁涤平、谭道源,任职以来,互相勾结,对于本集团军所发命令,诸多违抗,实属弁髦法令,破坏纪纲。湘省为"匪共"窟穴,该师长等"剿办"不力,地方秩序,迄未恢复,人民痛苦,不获解除。鲁涤平身为省政府主席,又复滥用威权,把持中央税收,紊乱行政系统,致饷糈计划,无法统筹,似此拥兵恣肆,若不亟予惩处,大

63

第二单元　武装斗争

局前途,何堪设想。除将鲁涤平、谭道源均予免去师长职务,听候查办,并将各该师部队,分别遣散,以伸军纪外,谨电奉闻。李宗仁叩。马。印。

——中国第二历史档案馆编《军事:国民政府军制和革命军北伐与军事编遣和国民党军阀混战》

文史百科

革命山歌

帝国主义罪恶深,
想拿中国来瓜分,
制造军阀的混战,
屠杀工农不忍闻。
可怜中国的地方,
各派军阀各称强,
打生打死有停歇,
越打越大越延长。

红军与国民党军队激战的场面(壁画)

■ 红军抓住国民党军队之间的战争空隙发展壮大

军阀混战使国民党地方实力派和中央互相削弱,同时弱化了对红军的"围剿",成为中国共产党领导的红军和红色根据地存在和发展的有利条件。在中原大战期间,中国共产党领导下的农民战争已蔓延到江西、湖南、湖北、福建、广东、广西、河南、四川、安徽、江苏、浙江等11省。红军共成立14个军,人数约10万,并建立了中央(赣南和闽西)、湘赣、湘鄂赣、湘鄂西、鄂豫皖、闽浙赣、左右江等根据地,革命力量得到较快较大的发展。

1933年全国红军人数统计表

苏区名称	部队名称		人数(人)	资料时间	备注
中央苏区	红一方面军	第一军团	25718	1933年5月终	—
		第三军团	23896	1933年5月终	—
		第五军团	12630	1933年5月终	—
		第十一军	4500	1933年5月12日	—
		独立一团	2882	1933年5月终	—
		直属队	3756	1933年5月终	—
	江西军区部队		7868	1933年5月	二十三军,独立师、团
	兴国模范师		5161	1933年6月23日	—
	瑞金模范师		4500	1933年6月29日	—
	于都模范师		2000	1933年6月11日	—
	公略县模范师		1900	1933年6月15日	—
	福建军区部队		6100	1933年2月	十九军,独立师、团
	少共国际师		10000	1933年8月	—
	中央警卫师		6000	1933年8月	—
	中国工农红军学校		4133	1933年4月	—
	小计		121044	—	
湘赣苏区	红八军,独立师、团		13727	1933年2月至1933年3月	—
湘鄂赣苏区	红十六、十八军、三师等		20000	1933年春	—
闽浙赣苏区	新十军、红校、闽北独立师		4300	1933年1月至1933年5月	含闽北
湘鄂西苏区	红三军、独立师		10000	1933年2月	不含地方部队
鄂豫皖苏区	红二十五、二十八军		14000	1933年春	不含地方部队
川陕苏区	红四方面军		95000	1933年10月底	含地方部队15000人
陕甘陕北苏区	红二十六军、游击队		1030	1933年冬	
陕南根据地	红二十九军		2000	1933年2月	
东江根据地	红军游击队		400	1933年秋	
海南岛根据地	琼崖游击队		26	1933年夏	—

第二单元 武装斗争

续表

苏区名称	部队名称	人数（人）	资料时间	备注
东北抗日根据地	抗日联军	3160	—	—
—	小计	163643	—	—
总计	—	284687	—	—
附注	另有10个独立师、1个警卫师、3个游击师、12个独立团、1个游击大队，人数无法统计			

注：资料来源于瑞金中央革命根据地纪念馆。

阅读拓展

红军的发展壮大

在闽西，1930年4月至6月间，闽西苏区先后编制成立3个军，兵力约8000人。同时，各级苏维埃政府也建立与发展了赤卫队、少先队等群众武装。1930年6月前后，"全闽西约有赤卫队二三万人，另有少年先锋队约五万人"。在赣南，地方武装迅速发展壮大。据统计，1929年10月，全赣南赤色武装仅为1960人，到1930年5月，即迅速发展至14320人，并组建了红二十二、二十四、二十六和二十八纵队。主力红军的发展情形大致亦然。据相关的统计，截至1933年，全国红军人数发展达284687人，其中中央苏区红军人数即有121044人，占总人数的42.5%。

课后研学

1. 弱小的红军为什么最终能够战胜强大的国民党军队？
2. 红军队伍人数为什么能够越打越多，而国民党军队却很难补充到人员？

第7课

红军是一所大学校

> 红军的主体是工农子弟。他们当中只有极少数人在家乡上过几年私塾，绝大多数人完全没有上过学，也不认识字。参加红军后，他们在党的教育下努力学习，许多人成长为治党、治国、治军的优秀人才。

★ 红军是学习型军队

红军是执行革命的政治任务的武装集团，除了打仗消灭敌人的军事力量之外，还要负担宣传群众、组织群众、武装群众、帮助群众建立革命政权以至于建立共产党的组织等重大任务。要完成这样的任务，需要红军官兵有很高的政治觉悟、军事技能和文化素养。因而要求红军官兵特别善于学习。

■ 用马克思列宁主义理论武装红军指战员的头脑

政治建军是红军的鲜明特点。用马克思列宁主义理论武装红军官兵头脑是贯穿政治学习的一条主线。为帮助红军官兵学习，红军政治部编写和翻印了许多学习材料，如《共产党宣言》《政治常识讲义》《中国革命问题》《土地革命问答》《红军》《新战士政治课材料》等。红军官兵通过学习，提高了思想政治觉悟，明白了革命道理，知道了为谁扛枪、为谁打仗。这是红军具有强大战斗力的根本原因。

第二单元　武装斗争

《革命与战争》（第二期）　　　　《火炉》（第一期）

> **阅读拓展**

红军为什么要加强学习

红军在初创时期，成分来源一部分是工人农民，一部分是游民无产者，还有一部分来自旧军队，普遍存在军事技术差、文化程度低、组织纪律散漫等问题，并且深受各种非无产阶级思想的影响，如单纯军事观点、流寇思想、军阀作风残余、极端民主化等。要将这支以农民为主体的军队建设成为无产阶级性质的铁的红军，必须加强学习教育。

红军的政治学习和教育，大多是在行军打仗过程中或结合日常活动开展的。如长官召集全体讲话或做政治报告；党代表上政治课；早晚点名时进行生活批评；读革命报纸，讲革命故事，唱革命歌曲；出墙报；个别谈话；等等。这些方式方法具有很强的针对性和实效性。

读报与上政治课（《红星画报》宣传画）　　　　《国际歌》

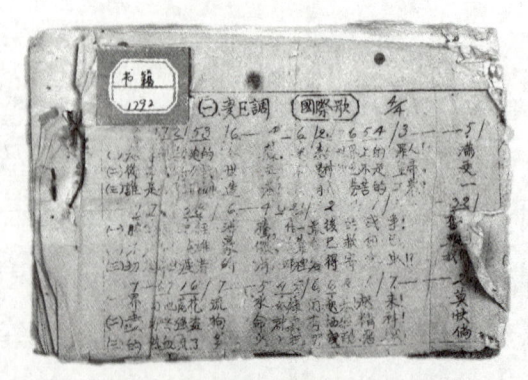

■ 在战争环境中学习军事技术

红军常处在异常艰苦紧迫的战争环境中,往往昨天入伍今天就要打仗。因此,红军总是随时随地利用一切条件学习军事技术。如在行军时,学习侦察、遭遇战、伏击战、防空袭等战术动作。在宿营时,学习警戒、修筑工事、测量距离等战术动作。在作战时,预备队在不妨碍战斗任务的情况下进行军事战术的观察学习。战斗结束后,以连为单位召开班长级以上指挥员的会议,总结战斗的优缺点,然后在全连军人大会上做详细报告,让每一位战士学习、了解此次战斗的经验和教训。

学习夜间动作(苏区漫画)

红军总司令朱德对集训部队讲话

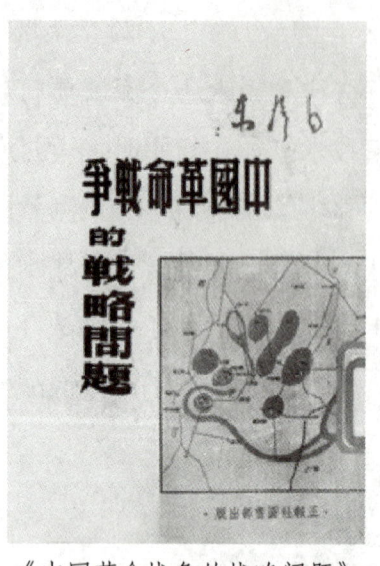

《中国革命战争的战略问题》

> **名言警句**
>
> 读书是学习,使用也是学习,而且是更重要的学习。从战争学习战争——这是我们的主要方法。没有进学校机会的人,仍然可以学习战争,就是从战争中学习。革命战争是民众的事,常常不是先学好了再干,而是干起来再学习,干就是学习。
>
> ——毛泽东

■ 学文化与学政治结合在一起

红军中有很多人是文盲或半文盲。文化学习的重要内容之一便是识字。红军官兵将学文化与学政治结合在一起进行。在井冈山斗争时期的红军军官教导队,就规定每人每天学5至6个生字。方法是每天熟记一条标语或政治口号,如"共产党万岁""打土豪,分田地"等。这样的学习很有效果,既学了文化,又提高了思想觉悟。红军战士还将生字写在纸片或布条上,行军时挂在前面战友的背包上,一边行军一边学习。即使在长征路上,红军官兵仍以极大的热情开展学习。

红军早期教科书

文史百科

红军连队的列宁室

列宁室是红军连队的内设机构,主任由连指导员兼任。一般有读报、识字、射击、歌舞、墙报、体育等若干小组。部队驻扎时,安排一间房做列宁室,没有房就搭棚。室内放有马列著作、党的文件、军事书籍、报纸杂志、演出道具等,供红军战士学习和娱乐。在行军作战时,各小组结合实际开展活动,如读报组利用休息时间将《红色中华》《红星》等报纸读给大家听;识字组把需要认识的字贴在枪托上、战壕里,在休息地点插上写有生字的木牌,没有纸笔,就用树枝在地上学写;歌舞组教新战士学唱革命歌曲,编排文艺节目,组织文娱活动;军事组在行军途中根据实地情况假想与敌人遭遇时该怎样战斗,并承担对新战士的训练等。列宁室对于提高红军战士的政治觉悟和军事素养,活跃连队文化生活发挥了积极的作用。

行军间怎样进行列宁室工作(《红星画报》漫画)

列宁室(《红星画报》漫画)

★ 红军创办的军事政治学校

红军不仅高度重视官兵的在队（不离开战斗部队）学习，而且努力创造条件让官兵离队进入学校学习，并为此创办了各种类型的军事政治学校。

1927年12月，毛泽东指示在井冈山龙江书院创办军官教导队，并亲自讲课。1928年冬，井冈山红军学校在井冈山茨坪黄竹坳成立，彭德怀任校长。1929年初，红四军主力出击赣南闽西后办了随营学校。随着革命根据地的扩大，红军又相继创办了中国工农红军学校、红军大学、步兵学校、通讯学校、卫生学校等，培养了一大批优秀的军政干部。

■ 军官教导队

1927年12月，毛泽东在井冈山龙江书院创办了中国工农革命军第一军第一师第一团军官教导队。学员有来自工农革命军基层军官30多人，以及宁冈、永新、莲花等县的工农积极分子60余人，共100余人。吕赤担任教导队队长，陈士榘、张令彬、王良、陈伯钧分别任区小队长。教导队每天"三操两讲"，学习政治、军事、文化。毛泽东经常给学员讲课，要求学员一边学习，一边做群众工作。学员常到古城、新城、茅坪一带进行社会调查，调查内容涉及人口、阶级状况、土客籍关系、风俗习惯、统治阶级内部矛盾等。1928年4月以后，该军官教导队改名为"中国工农红军第四军军官教导队"，不久，由龙江书院迁至井冈山茨坪店上村。

龙江书院

军官教导队开创了红军培养军政人才的历史，被誉为人民军队"军政院校的摇篮"。

史料链接

> 毛泽东同志……经常抽空来给我们上政治课,讲解我们军队的宗旨和性质。学员中有了什么问题,我们随时到他那儿去反映。毛泽东同志每来讲一次话,都给大家以极大的鼓舞。我们都高兴地把这叫"毛委员发饷",意思是,他讲一次话,就象〔像〕给士兵发了一次饷那么重要,士兵的思想问题很快就解决了。
>
> ——张令彬《毛委员创办井冈山教导队》
>
> 时隔半个多世纪,当时的学员谭震林还能记忆犹新地讲述毛泽东怎样用湖南乡间常见的水车舂米的例子,来说明为什么要革命的道理。他说,毛泽东一边打着手势,一边说:"大家都知道舂米吧!舂米的方法,一个是你拿着棍棒,你顿一下,我顿一下,把谷子舂成米。另一个方法是用水车,上面安一根棒子,棒子上捆块石头,水一冲,水车不停地转动,下面的石臼就不停地舂米,这个方法就革了前一个方法的命,更进步了。还有一个方法就是用机器碾米,机器转动起来,谷子很快就变成米,这又是一场革命,又进步了。""我们革命的目的是什么?革命的目的之一,就是要把所有用人力的生产,变成用机器的生产。要达到这个目的靠谁呢?靠群众自己。那么,群众怎么知道革命的道理呢?那就是靠我们共产党员去给他们讲。"
>
> ——余伯流、陈钢《井冈山革命根据地史》

■ 中国工农红军学校

1931年11月,中央决定成立中国工农红军学校。中国工农红军学校也简称"红校"。第一任校长是萧劲光,刘伯承、叶剑英也先后任红校校长。红校的教学内容主要有三个方面:一是政治教育。主要学习党的纲领、政策,中国革命性质,红军的宗旨与纪律,土地革命和苏维埃运动等。二是军事训练。军事训练课占全部课程的五分之三,学习方法以总结红军自己的经验为主,同时注意研究国民党

中国工农红军学校旧址

军的战略战术,做到知己知彼。三是文化学习。红校在教学中特别注意让学员总结自己的经验,互教互学,教学相长。

红校共办了6期,仅第1期至第4期,就为红军部队输送了6200余名排以上军政干部,为加强中央红军建设做出了重大贡献。1933年10月,中央决定将红校扩编,在其基础上建立了5所学校,即红军大学校、第一步兵学校、第二步兵学校、红军特科学校、地方游击队干部学校。

■ **红军无线电学习班**

1931年初,红军利用龙冈大捷缴获的一部半电台(其中一部电台发报机被损坏,只剩收报机可用)成立了红军无线电学习班,并在年底成立了红军通讯学校。

红军无线电学习班的教员,是国民党军电台的留用人员,其中王诤被任命为学习班的队长。当年红军生活十分艰苦,每人每天只有5分钱伙食费,但红军对起义或被俘留下来的技术人员,在生活上特别优待。发给技术人员的津贴,王诤是每月50元,其他人每月40元、30元不等,晚上加班还有夜餐。王诤等人了解实情后很过意不去,联名给红军总部写信,请求免发技术津贴。左权副参谋长亲笔复函给予表扬,同时说明对待技术人员在生活上照顾是应该的。后来只是将津贴酌情减了一些,50元减为30元,30元减为20元。

工农红军无线电学习班学员证

无线电学习班学员大多数是从前线部队挑选的战士,年龄在14至19岁之间,文化程度大致初小毕业,或在部队学过2至3年文化。无线电专业需要学习英文,学员看着这些不方不正、不圆不扁、曲里拐弯的字母,感到新鲜但不好学。但他们不畏困难,学习非常刻苦努力,只用了4个多月的时间就完成学业,掌握技术,很快就能独当一面。

第 7 课　红军是一所大学校

人物介绍

王诤

王诤(1909—1978)，原名吴人鉴，江苏武进人。早年考入黄埔军校，学习无线电报务技术，毕业后成为国民党军的一名中尉报务员。1930 年 12 月，红军在江西永丰龙冈打退了国民党军的第一次"围剿"，王诤和 8 名报务人员主动要求参加红军。1931 年初，红军组建了第一个无线电队，王诤被任命为队长。此后历任红军无线电总队队长、红一方面军司令部通信主任等职。王诤 1934 年加入中国共产党，参加了二万五千里长征，是红军无线电通信事业的创始人之一。中华人民共和国成立后，历任中共中央军委第三局局长兼中央人民政府邮电部副部长、第四机械工业部部长等职。1955 年，被授予中将军衔。

■ 红军学校的师资队伍

　　教师是教学质量的根本保证。红军学校的教员大致可分为三种情况：一是邀请中央领导和前线将领讲课或做报告。毛泽东、周恩来、朱德、王稼祥、董必武、瞿秋白、徐特立、谢觉哉、林伯渠、邓小平等都在红军学校讲过课。二是选调红军的中高级指挥员和地方领导担任教员。刘伯承、叶剑英、牛冠甫、张少宜、苏进、边章五、孙毅、郭化若、周士第、左权、许卓、粟裕、伍修权、朱瑞、罗贵波、张如心等都到红军学校任过教。三是聘请有一技之长的人任教员，包括在战争中被红军俘虏并愿意参加红军的国民党军将领和技术兵。

阅读拓展

爱学习的"土包子"

　　许多战争影视片中有这样一幕：国民党军在打不过红军时常讥笑红军打仗是"野路子"、红军将领是"土包子"。有些人也因此误以为红军将领是缺少军事素养的"大老粗"。其实，红军将领大多文化起点不高，但都受过红军学校的训练。红军学校的办学条件虽然简陋，但教学水平却不低。中华人民共和国的开国将军，都曾担任过红军学校的领导或教员，或曾在红军学校学习过。

★ 红军官兵坚韧不拔地学习

在革命根据地物资十分匮乏的条件下,红军官兵的学习环境和学习条件都十分艰苦。没有桌椅,就坐在地上学习;没有黑板,就用锅烟灰在墙上刷一块;没有粉笔,就用黄土块代替;没有书,就抄一课学一课。但是红军官兵们没有一个人叫过苦,每天保持着乐观的革命精神。

▌阅读拓展▐

在红四军军官教导队学习的宋裕和

曾在红四军军官教导队学习的宋裕和回忆道:

"我没进过学校,对学校总有一点神秘感,认为学校是一个了不起的地方。但进了学校,哪知连坐的凳子,吃饭的桌子,睡觉的床铺都没有。上课没有黑板和粉笔,就用小木炭条子在石板上写;没有凳子,就坐在地上。当时有同志就开玩笑说,这哪像个学校呢?但就在这样的学校里,培养出了许多特殊的人才。

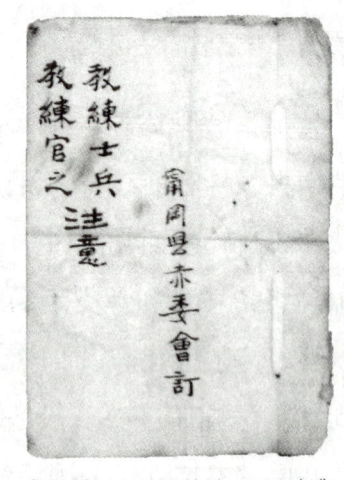

《教练士兵教练官之注意》

"记得进教导队的第一课就是学唱《国际歌》。蔡会文同志耐心地教导我们,哪个是什么字,哪句歌词是什么意思,讲得既生动又具体。这样,我们既学会了唱歌,又认得了字,还提高了政治水平。《国际歌》唱出了被压迫人民要求革命的心声,我们都非常爱唱这支歌。

"政治课是我们最感兴趣的一门课。蔡会文同志很有学问,讲课既耐心又细致,说话有很大的吸引力。他给我们讲马克思、恩格斯怎样成为世界工人阶级的伟大领袖;讲列宁和苏联社会主义革命;讲中国革命性质问题;讲建立根据地的重要性;等等。这些道理现在看来似乎很普通,但在当时听起来,既生动又实际,很解决问题。

"文化课结合政治内容进行教学,许多同志没有进过学校,一个字也不认识。学校规定每人每天识5至6个生字。方法是每天记熟一条标语口号,如'打倒帝国主义''打土豪,分田地''共产党万岁''扩大红军'等。我们既记熟了标语口号,又识得了生字,这样很容易学,也不会忘记。学习写字要做练习,弄不到笔和纸,就用柴棍子在地上写字。

"上军事课,操练抓得很紧。每天早晨4点钟起床,照例是2至3个小时跑步。茨坪四面都是高山,一跑步就是爬几个山头。爬山完了进行军事训练。

"一直到9点钟,才回来吃早饭(每天吃两餐)。吃完饭,稍做休息,又要出操或上课。这样一直练到下午5点。

"井冈山的冬天很冷。大家没有棉被,没有床,就在地上打铺,铺的盖的都是稻草。白天要进行紧张的学习和操练,还不觉得冷,一到晚上,冷得实在难受。睡不着时大家围在一起烤火取暖。有的谈天,有的讲故事,讲得有声有色,其他同志听得津津有味。也有的用柴火,你划一个字给我认,我划一个字给你认,互相'考试'。

"我们的学习条件很艰苦,但从来没有人叫过苦。我们在精神上是愉快的。"

■ 提高政治觉悟,激发革命热情

红军中大多数人来自贫苦家庭,没有读过多少书。进入部队后,战士们从简单的认字开始,学习政治、军事、文化,以能者为师,相互督促,相互学习,共同提高,通过艰苦学习,许多战士从普通贫苦百姓转变为革命军人。

▌阅读拓展▌

胸怀革命理想,克服学习困难

曾在红军中任过主治军医的欧阳奕将军回忆道:"我是红军卫校第4期学员,学制8个月。我们队有50多个同志,都是从战斗部队选调的十八九岁的青年。学校各方面的条件很差,生活方面很艰苦,教学方面有时连起码的学习条件也不具备。但大家都怀着远大的革命理想,精神面貌很好。我们感到最困难的,要算学习中的疑难,因为我们的文化基础太差。像生理学、病理学、药理学等专业课中,从前没有听过的名词术语以及其中所涉及的数学、物理、化学等基础知识,看起来似乎是很普通的道理,对于我们来说,却难极了。但是,同志们学习的决心大、劲头足,一堂课下来不弄懂弄通,不肯吃饭睡觉。最使我们感到头痛的还是外语。我们开始连字母的形状都辨认不清,'V''U''W'总是弄错,发音就更难。尤其我的江西口音很顽固,'R''L'老读成一个音。于是我们采取能者为师的办法,课后互教互学,终于学会了拼读、拼写方法,记住了常用的药物名称,并能用拉丁文开处方。"

红军的卫生课教材

第二单元　武装斗争

> **阅读拓展**

学习使我们实现了从老百姓到革命军人的转变

曾在红四军随营学校学习的刘忠将军回忆道:"学员基本上都是贫苦工农出身,识字不多,很多人连自己的名字都不会写。……教学科目的设置是军事、政治和文化。军事课学习时间多、内容多,设有战术课、步兵技术课。战术课是在野外进行,首先训练单兵利用各种地形,逐步从单兵到班、排、连的攻防技术。技术课主要学习步兵武器的射击、筑城学(即土工作业)、野战勤务等。政治学习,一般是总队长讲课,讲中国的革命问题、马列主义基础知识、党的建设等,以提高大家的政治觉悟,激发革命热情。文化学习主要是识字,以能者为师。……学员们生活相当艰苦,没有统一的服装,穿的大多是从家中带来的衣服。我当时穿一件长袍,白天穿在身上,晚上睡觉时当铺盖。学员伙食也很差,每人每顿饭只吃一缸子糙米饭或一缸子地瓜大米稀饭,很少吃到鱼和猪肉。就在这样艰苦的环境中,学员的政治情绪都很高昂,战斗意志坚定,整个学校充满了活力和朝气。经过3个多月的学习和训练,我们初步实现了从一个普通老百姓到一个革命军人的转变。"

《红军中共产青年团员教育纲要》

■ 理论结合实际的学习

红军学校是直接为战斗服务的。由于战争环境十分恶劣,红军教育大都是速成班,战士们经常是在战争中学习战争。为了让战士们尽快地掌握军事本领,提高军事技能,红军学校采取理论与实际相结合的方法,经常是半天理论学习,半天实践演练。通过循序渐进、有的放矢的训练,学员的战斗力得到了较大提高。

阅读拓展

理论结合实际的学习方法好

吴克华将军在《培养红色指挥员》一文中描述，1929年秋，赣东北信江军政学校成立了。经过严格的考试和体检，他参加了这支有170多人的红色学兵队伍。

学校在弋阳县的一个美丽山村。有一个操场、一间课堂，宿舍是和老乡共用的民房。当他们第一次走进课堂时，简直不敢相信这是上课的地方。一张东倒西歪的旧桌子和一块小黑板，是教员用的；地上一行行用石块支起的木板，是学员们的座位。教具更是贫乏。只有从墙上那些红红绿绿的标语才能看出这是一所学校。标语上写着："努力学习，把自己培养成优秀的红色指挥员""学习军事技术，武装我们手足""提高政治水平，武装我们头脑"。

赣东北信江军政学校的校长毕业于黄埔军校，在红军中任过指挥员，主要军事课程由他亲自讲授。其余的军事课由俘虏来的国民党军军官担任。政治课则由校政治部的干部兼任教员讲授。就在这样的困难条件下，学员们开始了紧张的学习生活。

3个月后，学员们开始了第二阶段的学习，到连队实习当战士。这种学习方法很好。经过一段时间对基本知识的学习，接着到实际斗争中去锻炼体验，然后再集中起来，结合实际进一步学习和提高。学员们把课堂里和操场上学到的东西与活生生的实际结合起来了。

经过3个月的连队锻炼，学员们在新校址集合。人数比出发时少了一些，但大家都有了明显的变化。经历了实际斗争的锻炼，学员们更像红色军人了。

■ 边行军，边学习

在红军长征过程中，虽然每天历经枪林弹雨，但是红军官兵一刻也没放松学习，他们办起了长征路上的红军学校，充分利用宿营休息、站岗值勤、战斗间歇等，边走边打，边教边学，努力提高军事能力和政治素养。

阅读拓展

一边行军，一边教学

1934年10月，红军卫校作为军委直属队的一部分，随同大部队从瑞金出发参加长征。长征初期，红军卫校也和军委机关一样，实行大搬家。师生们每人背着行李、书籍、器材、枪弹和其他物品，有四五十斤重，每日急行军走山路八九十里，非常艰苦。卫校师生团结互助，不仅完成了行军任务，而且在行军中不忘教学。学员们将学习题写在纸上，挂在背包后面，让后面的同志边行军边看题学习。

第二单元　武装斗争

课后研学

1. 红军战士是如何实现由普通老百姓转变为真正的革命者的?
2. 红军在教育和培养人才方面有哪些值得总结的经验?

第8课

我们是不可战胜的力量

世界上有这样一支军队,他诞生于血雨腥风的年代,在创建之初,没有统一的军装,没有飞机大炮,他装备落后,曾被人讥讽为"泥腿子""穷叫花"。但他却有强大的战斗力,打败了比自己强几倍、十几倍,甚至数十倍的装备精良的敌人,他用敌人的惨败与自己的胜利,证明了自己是一支不可战胜的力量。

★ 历经艰难困苦而不溃散

■ 理想激励革命血性

理想信念是共产党人最崇高、最神圣的政治信仰和奋斗目标,是最重要的精神支柱和价值追求,是红军战无不胜、攻无不克的法宝。在人民军队发展史上,红军之所以能够坚忍不拔、无畏前行、舍生忘死、不惧牺牲,其最为重要的原因就是这支部队具有伟大的理想和坚定的信念,以及一种决不被敌人所屈服的战斗基因。

阅读拓展

要革命的,跟我走

1927年8月,南昌起义部队计划南下广东,在途经潮汕地区时遭到国民党军重兵围攻而失败。朱德、陈毅率余部约1500人突围,转入闽赣边界时,由于一无供给,二无援兵,一些经不起考验的人,有的不辞而别,有的自寻出路。当时悲观失望和离队

第二单元　武装斗争

动摇情绪弥漫全军。在这艰难时刻,朱德在江西安远县天心圩召开大会,他语重心长地说:"同志们,大家知道,大革命失败了,我们起义军也失败了!但是,革命的旗帜不能丢,武装斗争的道路要走下去,我们还是要革命的。同志们,要继续革命的,跟我走!不想再革命的,可以回家去,绝不勉强……我希望大家不要走!我是不走的……就是剩下我一个人,也要革命到底!……1927年的中国革命好比1905年的俄国革命。俄国在1905年革命失败后,是黑暗的。但是,黑暗是暂时的,到了1917年,革命终于成功了。中国革命现在失败了,也是黑暗的。只要我们认清革命前途,积蓄革命力量,不怕艰苦,不怕挫折,坚持斗争下去,中国也会有个'1917年',胜利一定会到来。"朱德坚定的革命信念,铿锵有力的话语,激励着起义军的将士们,重新凝聚了人心。这支部队后来转战湘南,参加湘南起义,随后冲破湘粤两省7个师的敌军围攻,上了井冈山,实现了我军建军史上伟大的"朱毛会师"。

■ 赴汤蹈火坚持革命

在血与火的斗争中,无数革命战士为了革命,为了心中的理想信念,不管环境多么艰苦,精神依然无比振奋。他们用生命和鲜血谱写了不惧困难、敢于牺牲的壮丽诗篇。在井冈山斗争时期,红军战士的脖子上都系着一条红带子,取名"牺牲带",表明他们为了崇高理想而献身的决心。打仗之前,战士相互之间只有两句话:一句话是告诉我的老母亲,你儿子在什么时候、什么地方光荣牺牲了;另外一句话是革命胜利之后,在烈士纪念册上给我登记一个名字。在他们看来,为了中国人民的解放事业而做出自己的最大牺牲,甚至献出宝贵的生命,都是值得的,无可置疑的。

> **名言警句**
>
> 这个军队具有一往无前的精神,它要压倒一切敌人,而决不被敌人所屈服。不论在任何艰难困苦的场合,只要还有一个人,这个人就要继续战斗下去。
>
> ——毛泽东

王棣权的遂川第五乡工农兵苏维埃政府识别带

第 8 课　我们是不可战胜的力量

▎阅 读 拓 展▎

到了新社会才能实现我们真正的恋爱
————致李志强(1927年4月10日)(有删减)

我最亲爱的承赤妹①：

…………

思前想后，除了我们努力革命，再找不出别的出路。把一切旧势力铲除，建设我们新的社会。这个时候，才能实现我们真正的恋爱，才不是经济的关系了。最亲爱的妹妹，你不要畏难吧！十八层地狱底下的中国，今日也得见青天白日了。眼见得帝国主义军阀及一切反动势力快要到坟墓里面去。一钱不值的我们，也要做起天下的主人了。努力！努力！前进！前进！我们的目的地终会到达啊！

最亲爱的妹妹，我知道你是舍不得离开我的，也知道你是难过的，但是受革命驱使的我们，说不得这样多了，也是实在没有办法，我希望我们的军队开至前方，不开至前方在八九月也要回来同你见一面啊！或者我们的问题在那时也可设法来解决，你安心吧。

李志强与陈毅安

…………

顺祝

革命敬礼！

毅启四·十于衡州舟次
定明日坐桥〔轿〕出发

■ 百折不挠执着追求

面对困难和危机，是否百折不挠，是否坚定信念，是检验是不是真正的革命者的试金石。红军虽然诞生于中国革命的危急时刻，虽然相较于强大的国民党

---

① 承赤妹，即李志强。

83

第二单元 武装斗争

反动势力还很弱小，但是在困难和挫折面前，红军毫无惧色，从不气馁。因为在革命者心中有着执着的追求、坚定的信念。在信念的引领下，他们迈着坚定而踏实的步伐奋力前行。

名言警句

敌人只能砍下我们的头颅，决不能动摇我们的信仰！因为我们信仰的主义，乃是宇宙的真理！为着共产主义牺牲，为着苏维埃流血，那是我们十分情愿的啊！

——方志敏

阅读拓展

一个担架兵的故事

1928年8月21日，在得知红四军二十八、二十九团孤军深入湘南失利的消息后，为了前往湘南迎还红军大队，毛泽东率领红四军三十一团三营日夜兼程，急速行军。一天夜晚，部队进入桂东边境，突然遭到敌人袭击，全营战士全被冲散，党代表罗荣桓在后面负责收容。同前委书记毛泽东、营长伍中豪失去了联络，他非常焦急。天亮后，罗荣桓集合队伍，看见毛泽东、伍中豪，还有各连被冲散的队伍也陆续到达集合地点，压在心上的一块石头才落了下地。罗荣桓、伍中豪命令各连清查人数，发现只丢了一个担架兵。8月22日，毛泽东率部到达桂东，与朱德率领的红军大队会合。9月中旬，毛泽东、朱德率部返回井冈山，一路所向披靡，连克遂川、宁冈。部队回到井冈山后，发现在桂东丢掉的那个担架兵早就返回。至此，由毛泽东、罗荣桓率领的三营这次远征湘南，行程数百里，打了十几仗，出色地完成了迎还红军大队的任务，全营没有一个开小差的，创造了巩固部队的纪录，成了一支拖不垮、打不烂的红色铁军。

问题思考

"好在苦惯了。而且什么人都是一样苦，从军长到伙夫，除粮食外一律吃五分钱的伙食。发零用钱，两角即一律两角，四角即一律四角。因此士兵也不怨恨什么人。"这是毛泽东在写给中共中央的报告即著名的《井冈山的斗争》中的一段话。在井冈山艰苦卓绝的斗争岁月里，吃也吃不饱，穿也穿不暖，又几乎每三天一小仗，五天一大仗，随时有受伤和牺牲的威胁。

想一想：

那些红军战士为什么要会聚于井冈山呢？他们追求的是什么呢？

★ 能征善战奏凯歌

红色根据地的创建、红色政权的扩大,使得红军的存在和发展成了国民党的眼中钉、肉中刺。于是"围剿"与反"围剿"成为国共两党、白红两军战争的主要形式。面对强大的敌人,广大军民同仇敌忾,红军将领运用高超的指挥才能,击退了敌人一次次的进攻。

■ "围剿"和反"围剿"的较量

国共两党在红色根据地进行的"围剿"和反"围剿",既是国民党军队与红军的直接较量,也是各自军事决策上的大比拼。一场场革命战争的实践,不仅磨炼了红军的意志品格和战斗力,也历练了红军指战员们的军事才能。在这些较量中,毛泽东等红军将领灵活运用正确的战略战术,在游动中寻找机会,抓住敌人的薄弱环节,集中兵力打歼灭战,取得了一次次反"围剿"的重要胜利。

红军反"围剿"的胜利

▌阅读拓展▌

巾帼血染芙蓉山

我们都听过"狼牙山五壮士"的故事,其实在江西也有"五女跳崖"的巾帼英雄故事。

故事发生在江西乐安芙蓉山。故事的主人公——五位巾帼英雄分别是红军战士黄秀英、黄清香、邓洪祥、张素英、聂菊英,她们都出生于江西永丰县。

1933年底,在中央苏区第五次反"围剿"中,黄秀英、黄清香、邓洪祥、张素英、聂菊英随部队突围,辗转到了乐安县芙蓉山,并就地开展游击活动。在一次战斗中,她们与部队失散,被敌人围困在山上。黄秀英就与众人在芙蓉山上一边继续坚持游击战,一边寻找中心县委。当时正逢大雪封山,她们苦熬饥寒,备尝艰辛。坚持到第二年3月,为了开展新的斗争,她们决定下山,可是经过王家崖时不幸被敌人发现。王家崖一面是悬崖,另外三面是崇山峻岭,整整一个连的敌人从三面朝山顶包围上来。

女红军战士临危不惧,沉着应战,凭借山顶易守难攻的地势,消灭了一批又一批敌人,击退了敌人一次又一次的猛烈进攻。在激烈的战斗中,聂菊英腿部中弹,无法行走,却依然匍匐前进攻打敌人,黄秀英头部、左腿、右手受伤,黄清香的腿负了重伤,邓洪祥右臂流血不止,张素英左腿中弹,但女英雄们仍然坚持战斗,直至剩下最后一颗手榴弹。当敌人越逼越近时,女英雄们抱定宁死不当俘虏的决心,五个人紧紧抱在一起。山风吹起了她们的秀发,鲜血染红了她们的衣裤,她们摔断了枪支,义无反顾地向悬崖走去。就在敌人蜂拥而上时,"轰"的一声,黄秀英向敌人甩出了最后那颗手榴弹。

五位巾帼英雄高呼口号,正义凛然地手挽着手从容坚定地纵身跳下悬崖,壮烈牺牲。

■ 红军将领高超的指挥能力

在中国红军的发展史上,中国共产党领导的红军之所以能够在困难中奋起,在挫折中排除万难,除了党的正确领导外,还有一个重要的原因就是红军将领在战争中身先士卒,能征善战,展现出高超的指挥艺术和才干。

| 阅 读 拓 展 |

英勇善战的贺国中

红五军中有一位"全体战士最爱戴的指挥者""很能干的少年司令员",他的名字叫贺国中。1929年6月下旬,湘赣边特委和红五军军委联席会议决定,为了孤立永新、莲花的敌军,必须立即攻取安福县城。7月中旬,攻占安福县城的战斗开始了,部队进至城边,发现中了敌人的圈套,遂撤退10多千米。在严田和安福间,部队又遭永新、莲花、安福三路敌军的包围,而北面侧溪河涨水,又不能徒步。红五军第四纵队纵队长贺国中身先士卒,指挥部队突围。战斗十分激烈。这天下着倾盆大雨,几十米外看不清目标。敌人凭着有利的地势和坚固的工事,用强大的火力阻止红军的强攻,红军奋战了两个小时还未突破阵地。为了缩短视线选好突破点,贺国中带领一个中队占领了距敌人很近的一处高地。他一边查看地形,一边指挥部队再次强攻。就在这时,敌人发现贺国中是指挥员,于是便组织密集的火力向他射来。刹那间,贺国中头部中弹,血流满面,壮烈牺牲,年仅25岁。

第8课　我们是不可战胜的力量

人物介绍

贺国中（1904—1929），原名祖徽，字书帆，湖南娄底人，曾在国民革命军任初级军官，参加北伐战争。1928年后，历任中国工农红军第五军军委委员兼第七团党代表、团长，第四纵队纵队长等职。

贺国中

■ 军民同甘共苦求胜利

为了革命战争的胜利，广大群众将自己的前途和命运与共产党、红军的前途和命运紧紧地联系在一起，同甘共苦。他们以高度的革命责任心和惊人的智慧与胆略，战斗在最前线，并运用各种巧妙的办法，出色地完成了艰难任务，有的人甚至献出了宝贵的生命。

《军民鱼水情》雕塑

■ 阅读拓展

坚贞不屈的龙关秀

龙关秀是井冈山茅坪乡斜源村人，丈夫陈瑞恩是赤卫队队长。1929年1月，井冈山第三次反"会剿"失利，井冈山失守，红四军三十二团和各地赤卫队转入深山坚持游击斗争。陈瑞恩也随宁冈东南特区赤卫队转入斜源附近一座叫作猴子石的深山。敌人在对红军和游击队进行"会剿"的同时，还实行了经济封锁，红军和游击队的粮食越来越少了。龙关秀听说丈夫所在的赤卫队被困在猴子石断了粮食，非常着急。她想了很多办法为红军送粮。有时将竹篙打通，里面装满米，假装上山砍柴，把米送上山；有时把米用油布包好，放进牛粪中，假装挑牛粪去山间田里施肥，把米送上山；有时还把米装进裤管里，把装满米的裤管背在身上，外面罩上披风，假装背着孩子，把米送到山上。龙关秀用这样的办法一次又一次地为山上的红军和游击队送去了救命粮。

但是，龙关秀经常早出晚归的身影引起了敌人的怀疑。1929年3月的一天，当地有一个姓谢的土豪发现龙关秀天刚亮就又背着"小孩"上了山，随即暗中盯上了她。走到

87

半路上,龙关秀感觉到有人盯梢,便故意左拐右拐,把米送到预定地点后赶紧回身把敌人引向别处。敌人发现上当后,抓住了龙关秀,带回村里严加审讯。但龙关秀始终没有吐露半点实话。最后敌人烧毁了龙关秀家的房子,把龙关秀绑在滴水成冰的野外,将她活活地冻死,还把龙关秀3岁的儿子也用刺刀捅死了。这年6月,随游击队转战到九陇山的陈瑞恩也在一次战斗中不幸牺牲。

● 问题思考 ●

"兵民是胜利之本""人民,只有人民,才是创造世界历史的动力""全心全意地为人民服务,一刻也不脱离群众;一切从人民的利益出发,而不是从个人或小集团的利益出发;向人民负责和向党的领导机关负责的一致性;这些就是我们的出发点"。这是毛泽东同志关于群众观点的集中论述。在革命战争年代,我们党和红军之所以能够以小胜大,以弱胜强,就在于我们的党和红军深深地扎根于群众,一切为了群众,一切依靠群众,从群众中来,到群众中去,这是我们不断取得革命胜利的根本。

想一想:
在改革开放的今天,我们应怎样处理好党群关系、军民关系?

★ 灵活斗争创奇迹

翻开红军的战争史,凶险的环境和残暴的敌人从未能阻止红军前行的脚步。在以毛泽东为主要代表的党中央有力领导下,红军将士以卓越的智慧和无比的英勇,创造了红军历史上乃至人类战争史上许多以少胜多、以弱胜强的经典战例。这些战例向全世界宣告,红军是英勇无畏的,任何艰难困苦都不能打败红军。

■ 草市坳战斗

1928年5月,国民党调集杨如轩的第二十七师全部力量以及杨池生第九师的一个团、王均第七师的一个团,开始对井冈山革命根据地进行第三次"进剿"。

工农革命军第四军领导人毛泽东、朱德等依靠根据地的人民群众,运筹帷幄,采用声东击西、引蛇出洞的办法,派一营奔袭茶陵高陇将永新守敌调出后,长途回师永新草市坳设伏,全歼敌第七十九团,击毙敌团长刘安华,接着乘胜攻占永新,击溃敌师部,击伤敌师长杨如轩,缴获山炮2门、迫击炮7门和大批枪支弹药,截获敌银洋20余担,创造了工农革命军第四军成立后的光辉纪录。

阅读拓展

五斗江战斗

1928年4月下旬,国民党军第二十七师师长杨如轩率部由永新城分两路向井冈山革命根据地发动第二次"进剿"。右路第七十九团向龙源口方向进攻;左路第八十一团绕道拿山向遂川方向进攻;师部及第八十团进占永新城。毛泽东、朱德得悉后,决定采取集中兵力歼敌一路的战法。由军长朱德率第二十八、第二十九团出遂川,迎击敌第八十一团;毛泽东率第三十一团进入宁冈新城地区,阻截敌第七十九团;第三十二团留守井冈山。5月4日,朱德率部向遂川方向挺进,第二十九团担任前卫。

5日拂晓,前卫团进至黄坳,与敌第八十一团先遣营遭遇,激战2个多小时,歼其一部,余部向五斗江、拿山方向撤退。第二十八团于当日进至五斗江。

6日晨,周体仁率领赣敌八十一团抢占五斗江下街背后的制高点长山冈,集中火力向正在集合的工农革命军战士射击。

在五斗江严阵以待的不是周体仁想象的宜章农军二十九团,而是身经百战的工农革命军第二十八团。此时,王尔琢团长镇定地站在队伍前列。敌人的子弹"嗖嗖嗖"地在队伍中穿过,他不慌不忙命令队伍紧缩,沉着、果断地布置战斗方案。全体指战员个个精神抖擞,信心百倍,决心打好工农革命军第四军成立以来的第一仗。

工农革命军一营战士向敌军制高点长山冈发起强攻。他们冒着枪林弹雨,蹚过水田,越过小溪,无所畏惧奋勇前进。敌人的火力无法有效展开,勇猛的工农革命军战士巧妙地利用溪水、灌木丛、土堆等障碍物,摸索而上。快要接近敌人时,猛地用手榴弹一阵狠炸,长山冈上爆炸声、惨叫声混在一起。短时的近战后,敌军溃败而逃。

制高点被工农革命军拿下后,敌人的后续部队被困在山腰上无法脱身。王尔琢指挥二、三营将山腰上的敌兵围住,痛歼瓮中之敌。战斗中,我军机枪连长想出一条妙计,他从敌兵尸体上剥下一套军装,穿了起来,装扮成白军军官,混入敌军,大模大样地下达命令,叫敌兵去抢占另一座山头。敌人信以为真,扭转身子爬山。待敌人完全暴露时,工农革命军集中火力从后面无情地扫射过来。正在这时,一营战士从山上猛冲下来,个个气势如虹,对准敌军猛冲猛打,敌军受到前后夹击,溃不成军,纷纷丢盔弃甲,沿路逃命。

工农革命军乘胜追击,泥泞的路上不断有敌人丢弃衣物、枪支,战士们打红了眼,草鞋掉了也不顾,一路勇追穷寇,一直追到五斗江以北的仓下附近,歼灭大部分敌人。

7日中午,工农革命军追至永新县北岭时又击溃敌第八十一团余部和第八十团的阻截,并乘胜向永新城急进。杨如轩得知第八十一、第八十团溃败后,率部弃城撤往吉安。敌第七十九团在回防永新城途中闻讯后,也择道转向吉安。工农革命军进占永新城。此次战斗,工农革命军第四军歼敌军1个团大部,缴枪300余支(挺),粉碎了江西国民党军对井冈山革命根据地的第二次"进剿"。

■ 永新困敌

1928年7月中旬,毛泽东在江西永新指挥红三十一团和数万革命群众以四面游击的方式,日夜袭扰敌人,将赣敌近11个团的兵力困在县城附近15千米内达25天之久,创造了红军游击战争史的奇观。

江西永新县城

1928年7月永新困敌期间,毛泽东曾在石桥中立堂居住

> **阅读拓展**

红军长征：人类历史的奇迹

　　红军长征，是挑战人类生存极限的奇迹。翻开中央红军长征的历史，我们看到这样一组令人惊奇的数字：中央红军在总长二万五千里的长征路上历时360多天，有200多天用在行军上，余下来的100多天中有许多天在打遭遇战。红军一共翻越过18座山脉，渡过24条江河，经过12个省份，占领过62座大小城市，突破10个地方军阀军队的包围，此外还打败、躲过追击的国民党各路中央军。开进和顺利地穿过6个不同的少数民族地区，有些地方是中国军队几十年都没有去过的地方。长征队伍中不断有人倒下，但又不断有人补充进来。就像滚滚的钢铁洪流，冲破一切艰难险阻。红军长征是一部既悲壮又瑰丽的英雄史诗，不仅感动中国而且震撼世界。

红军过雪山

> **课后研学**

1. 红军为什么总能以小胜大，以弱胜强？
2. 红军为什么总能得到老百姓的支持呢？

第三单元　根据地建设

　　农村革命根据地是中国民主革命的战略阵地,是开展土地革命、进行武装斗争的基础和依托。20世纪二三十年代,中国共产党在各地组织和领导一系列武装暴动失败后,将中国革命的重心转移到了农村,建立了10多个农村根据地,点燃了中国革命的星星之火,开始了局部执政的伟大实践。在创建红色根据地的过程中,中国共产党创造性地开展党的建设、政权建设、经济建设、文化建设、社会建设、法治建设等,留下了丰富而又宝贵的历史经验。

第 9 课

把思想建党放在首位

如何在农村环境下加强党的建设、保持党的无产阶级先进性,是中国共产党在创建红军和农村革命根据地,开展武装斗争过程中必须面对又亟须解决的重大问题。为此,以毛泽东为主要代表的中国共产党人从实际出发,逐步探索出着重从思想上建党、发挥基层党组织的战斗堡垒作用、加强铁的纪律建设等一系列卓有成效的工作方法。

★ 党的思想建设

思想建设是党的基础性建设。加强党的思想建设,最根本的是要用马克思主义理论武装全党。在革命实践过程中,毛泽东等人把马列主义的普遍真理与中国国情和中国共产党建设的客观实际相结合,将党的思想建设放在首位,用马克思主义理论教育党员,改造和克服各种非无产阶级思想,进而实现党在思想上、政治上、组织上的巩固和统一。

■ 着重从思想上建党

在创建农村革命根据地的过程中,在党的领导下,随着大批先进农民等加入党的组织,一些非无产阶级思想,如单纯军事观点、极端民主化、绝对平均主义、主观主义、个人主义等也随之出现。在井冈山斗争时期,毛泽东首先提出了思想上建党的原则,并在红四军党的第九次代表大会(即古田会议)上完整地提出了"思想建党"原则的基本内容,即加强党的思想政治教育和正确开展党内批评的有效方法。

● 问题思考 ●

据有关资料记载,1929年5月,红四军共有党员1329人,成分是工人310人,农民626人,小商人106人,学生192人,其他95人;工人只占23%,农民占了47%,其中农民和其他小资产阶级出身的党员占了70%以上。1930年4月,红四军党员发展到1600多人,其成分为工人300多,知识分子200多,小商人等200多,农民900多,农民和小资产阶级占了80%多。据统计,1930年7月,闽西苏区党员成分80%是农民。1930年10月,赣西南党员成分中农民占80%,知识分子及商人占10%,工人仅占10%。

在《井冈山的斗争》一文中,毛泽东同志在分析当时井冈山的社会情况时就深刻指出:"各县之间地方主义很重,一县内的各区乃至各乡之间也有很深的地方主义。""社会组织是普遍地以一姓为单位的家族组织。党在村落中的组织,因居住关系,许多是一姓的党员为一个支部,支部会议简直同时就是家族会议。在这种情形下,'斗争的布尔什维克党'的建设,真是难得很。"

想一想:
如何让以家族成员为主的农民党组织保持党的无产阶级先进性和组织性?

■ 加强党内教育工作,提高党员干部理论水平

苏维埃政权建立后,根据地内的地方党团组织迅速得到恢复和发展。

为加强地方党的力量,苏区一方面开设党团培训班,对每个党员进行党的基本理论训练;另一方面将党的重要决议和文件,尤其是斗争中的一切经验和教训整理出来,作为教育材料传达给党员,开展党内教育工作,以提高党员政治理论水平。

《党员责任》

📖 史料链接

王紫峰回忆说:"湘赣边界特委党团训练班设在茨坪","训练班的负责人是一个老党员、知识分子","有100多名党员参加了训练,时间是3个月,训练内容:讲阶级斗争史、革命发展史,讲政治、群众工作,也讲军事"。……永新党、团县委,东南特别区委,西北特别区委分别在小江山、万年山、天龙山举办了10余期党团训练班和党务训练班,培训了数百名党、团员。西北特区委在香炉山举办了一期党员干部训练班,学员100余人,学习时间15天,学习的课程有《社会发展史》《共产主义ABC》《土地革命》《党的章程》等。

《支部工作纲要》

——罗学渭、肖长春《井冈山革命根据地党的建设史》

为着这一工作,党必须切实执行下列几种办法:(一)要组织读报班,读党报小册子和决议案,从这里面提出问题讨论。(二)在支部大会或特别召集干部会议,作浅显的政治和理论问题报告。(三)组织各种问题研究会。(四)出版各种问题简明的小册子并收集和编订其他材料供给党员作研究的参考。(五)在各种训练班要按受训练同志政治理论水平定出这种问题的课目。(六)能识字理论水平较高同志应自己看读基本的理论书籍。党应收集并翻印这类书籍。

——《中央苏区党的第一次代表大会关于党的建设问题决议案》

★ 党的组织建设

没有一个坚强有力的党组织核心,军队和根据地建设就会松散无力,难以巩固和发展。大革命失败后,党的一些地方组织处于停顿、瘫痪和混乱状态。为统一指挥各地党组织,中央在一切苏维埃区域内成立了中央一级代表机关,并把在地方和红军中建立健全强有力的党组织领导核心看作一切革命工作的根本。

■ 打造党的基层组织战斗堡垒

湘赣边秋收起义的工农革命军在三湾改编、水口建党以后,"支部建在连上"的经验在各地红军与地方党组织建设中推广起来。即军队每连建设一个支部,每班建设一个小组;苏维埃区域则以乡为单位建立党支部,村设党小组。党的基层组织的战斗堡垒作用和党员的先锋模范带头作用,是苏区各项工作顺利开展的最重要的条件之一。

兴国县革命委员会印发的《苏维埃组织法》

支部是火车头

▎阅读拓展▎

历经艰难而不溃散

红四军出击赣南途中,敌人穷追不舍,红四军一路没有群众帮助,行军、宿营、侦探、给养等都出现重重困难,在军事上连连失利,何挺颖、周舫、张威、伍若兰等重要干部先后牺牲。但是,这一路没有发生叛变逃跑事件。1929年9月,陈毅在《关于朱毛红军的历史及其状况的报告》中曾经向中共中央自豪地报告:"官兵经过三十日左右之长途急行军已属难支,但仍能一致团结奋勇直前无怨言,从未发生叛变逃跑等事,是此以足打破集团军事行动之空前纪录。"

> **阅读拓展**

先锋模范的"大脑壳"

1927年9月底三湾改编后,罗荣桓担任工农革命军第一师第一团特务连党代表,从此党代表的身份便一直伴随着他的战斗生涯。

为了了解情况,物色和培养发展对象,罗荣桓花了更多时间和战士们待在一起,经常帮战士们背枪、扛铺盖,和他们拉家常,很快熟悉了全连每一个战士的经历、家庭和思想状况。1927年10月,他在遂川县大汾主持了特务连6名战士的入党宣誓仪式。

1927年12月,罗荣桓调任三营九连党代表。这时的他,对党代表工作的认识已有了质的飞跃。他给自己定下了一条规矩:凡是要求同志们做到的,自己先做到,以自己的模范行动作为无声的命令。打仗冲锋时,他与连长总是冲在最前面;撤退时,他在最后做掩护;行军时,他肩上的东西最多;开饭时,他站在队伍的最后头;自己病了,咬咬牙坚持工作,而战士病了,他一天几次嘘寒问暖。由此,他总结出党代表工作的宝贵经验:身体力行、以身作则、严于律己、宽以待人。九连红军的成分比较复杂,几个调皮的战士给罗荣桓起了个"大脑壳"绰号。连长陈正春认为这损害了干部的尊严和威信,把几个战士训了一通。罗荣桓却借这个机会对干部们说:"作为党代表,固然要有威信才能做好工作。可要让大家服气,关键在于发挥自己的先锋模范作用,没有这一点,威信就树不起来。"罗荣桓凭着朴实的作风和细致的工作,赢得了全连官兵的爱戴。

罗荣桓

> **人物介绍**

罗荣桓(1902—1963),湖南衡山人,伟大的无产阶级革命家、政治家、军事家,中国人民解放军和中华人民共和国缔造者之一,中国人民解放军政治工作奠基人,中华人民共和国元帅,党、国家和军队卓越的领导人。

■ 开展整党运动,纯洁党的组织

党员问题是党的建设的基本问题。党员队伍的状况直接影响到党的性质、党与群众的关系。针对根据地建立初期党组织大发展时重数量、轻质量,忽略党与阶级的关系,一些投机分子混入党内等问题,中国共产党着重从组织上进行清洗和整顿,开展整党运动,严把入党关。

名言警句

　　一个人活着要有心脏,党支部就是连队的心脏。把连队党支部建好,让连队的心脏坚强地跳动起来,才会使党的血液流灌我们这支部队的全身。

——毛泽东

江西莲花县泰岭乡党支部会议记录

史料链接

　　当时组织党建设苏维埃,组织地方武装,分田肃清反动派……这些工作都分区域分别进行,雷厉风行的加工制造了10多天,也相当的收了些效验,有一点成绩。不过狂风骤雨式的,草草轻率的完全人工制造的结果,终竟只是一点皮毛,经不得些而〔许〕之风吹草动。所以这一时间的制造及到八月失败时,被反动势力一来打得一个落花流水,烟消云散,党员和苏维埃的群众多半反水,从前所组织的暴动队分过了的田,也只等春梦一场。这次失败的经验告诉我们:党员的征收极要注意成份〔分〕,而且要注意质量不要只图数量的好看,党与民众必须经过相当时期训练才成,短期间人工强制,制造出来的,是外强中干,中看不中吃的。

——《杨克敏关于湘赣边苏区情况的综合报告》

第三单元 根据地建设

> 红军党内最迫切的问题,要算是教育的问题。为了红军的健全与扩大,为了斗争任务之能够负荷,都要从党内教育做起。不提高党内政治水平,不肃清党内各种偏向,便决然不能健全并扩大红军,更不能负担重大的斗争任务。因此,有计划地进行党内教育,纠正过去之无计划的听其自然的状态,是党的重要任务之一。
>
> ——《古田会议决议》

★ 党的纪律建设

严明党的纪律是提高党的战斗力的重要保证。为了在根据地密切党群关系,增强党的凝聚力和战斗力,使党的宗旨和革命纲领落到实处,中国共产党坚持把政治纪律放在首位,加强民主监督,严惩违纪行为,当好清廉表率,将纪律和规矩挺在前面,以铁一般的纪律锻造铁一般的革命队伍。

■ 充分发扬党内民主,坚持少数服从多数的原则

党内民主是党的生命。在三湾改编时,为了扩大民主,反对军阀主义和官僚主义,建立新型的官兵关系,毛泽东决定在连以上设立士兵委员会,每连推选产生1名主席、7至9名士兵委员会执行委员。士兵委员会的任务和职责是:参加军队管理、维持红军纪律、监督军队经济、做群众运动、做士兵政治教育。《古田会议决议》指出,要克服非组织意识,纠正少数不服从多数的现象。其方法是:会议上要使到会的人尽量发表意见,明了对有争论的问题,要把是非弄明白,不调和敷衍下去。一次不能解决二次再议(以不妨碍工作为条件),期于得到明晰的结论。

问题思考

为了开好红四军党的第九次代表大会,前委做了许多准备工作。红四军首先在连城新泉进行了10天的政治军事训练,同时在党内召开第九次代表大会的预备会。在新泉期间,毛泽东、陈毅接连几天召开支队长、大队长调查会,还深入连队召开战士座谈会,到附近农村召开群众座谈会,找干部、战士个别谈话,仔细调查部队和党内存在的各种问题,听取各种不同意见和反映。

厉行集中指导下的民主路线:

1. 党的指导机关要有正确的指导路线,遇事要拿出办法,以建立领导的中枢。

2. 上级机关要明白下级机关的情况,及群众生活情况,成为正确指导的社会来源。

3. 党的各级机关决定事情不要太随便,一成决议,便须坚决执行。

4. 上级机关的决议,凡属重要一点的,必须迅速地传达到下级机关及党员群众,其方法就是开活动分子会,或支部以至纵队的党员大会(须查看环境的可能),派人出席做报告。

5. 党的下级机关及党员群众对上级机关的指示,要详尽地讨论,以求彻底了解指示的意义,并决定对它的执行办法。

想一想:

集中指导下的民主与充分发扬党内民主是否矛盾?

■ 共产党的纪律是铁打的

严明的纪律是马克思主义政党区别于其他政党的主要标志。1928年10月,毛泽东在《湘赣边界各县党第二次代表大会决议案》中明确提出,铁的纪律为布尔什维克的主要精神。只有如此,才能抑制党走向非无产阶级的道路,消灭机会主义分子,洗刷不斗争的腐化分子。只有如此,才能集中革命先进分子团聚在党的周围,使党壁垒森严、步伐整齐地成为强健的战斗组织。只有如此,才能增加无产阶级的领导力。所以,严格地执行纪律为改造建设党中央的重要工作。

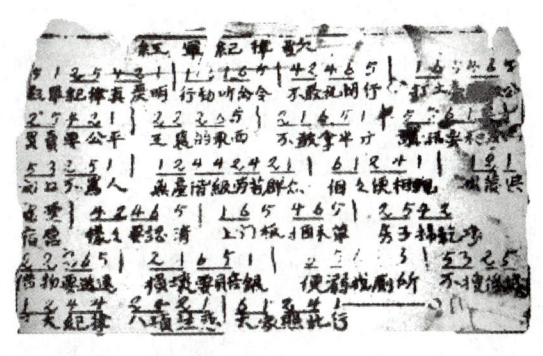

《红军纪律歌》

第三单元 根据地建设

阅读拓展

南瓜藤上的银毫子

1929年7月,彭德怀领导的红五军来到安福县浮山村宿营。听说有支军队开来,村里外号叫"小菜王"的张年开,匆忙携带家眷逃到村外。这也难怪,上次一支国民党部队来到村里,把他辛苦种来养家糊口的蔬菜吃掉、破坏了一半。他跑去讲理和讨钱,谁知不但钱没要到,人还被打得半死不活,结果倒贴了一笔医药费。从此,他就有了一个信条:世界不太清,千万莫惹兵,兵来赶紧躲,丢菜(财)能保命。这次听说又有军队来,张年开便又到亲戚家躲起来。可第二天回家后,他发现菜园子里除少了几只南瓜,黄瓜、辣椒、豆角、茄子等一个都没少。他妻子还发现南瓜藤上有银毫子。

原来,红军大部队到村里已是酉时了,可大家还没有吃晚饭,这可急坏了军部警卫班的小廖。这里离镇上太远,时间又这么晚了,上哪里去买菜呀?无意间,小廖发现了"小菜王"的菜园,并抱回了两个大南瓜,交给了炊事班。看着香喷喷的南瓜,彭德怀表扬小廖办事效率高,并问菜是哪里买的。小廖脸憋得通红,支支吾吾地说出了事情的原委。没想到,彭德怀把脸一沉,非常严肃地说:"小廖,部队的三大纪律怎么讲?"

"不拿群众的一个红薯!"

"是啊,你既然知道,那还这样做,岂不是明知故犯?我们是红军,是共产党的军队,爱护群众、保护群众是我们的宗旨,遵守三大纪律是我们的天职。"小廖深刻反省了自己的行为,意识到自己的过失,并主动承认了错误,但考虑到南瓜已经炒熟,他就把银毫子绑在了张年开家的南瓜藤上。

问题思考

谭震林在《回顾井冈山斗争历史》一文中是这样评价毛泽东:"在党内生活中,毛泽东同志说,我的话不管正确与否,多数不同意就按多数人的意见办。在井冈山时期与党内机会主义错误的斗争中,毛泽东同志表现了既坚持正确意见,决不盲从错误的领导,但又遵守党的纪律,是少数服从多数、下级服从上级、全党服从中央的典范。"

想一想:
结合上述材料,简述党的纪律与作风之间的关系。

第9课 把思想建党放在首位

■ 加强监督，强化党的纪律

为了防止党内有违反党章、破坏党纪、不遵守党的决议及官僚腐化等情况的发生，1933年9月，党中央做出决议，成立中央党务委员会及中央苏区省县监察委员会，并规定其职责为：以布尔什维克的精神，维持无产阶级政党铁的纪律，正确地执行铁的纪律，保证党内思想和行动的一致，监督党章和党决议的实行，检查违反党的总路线的各种不正确的倾向与官僚主义及腐化现象等，并与之做无情的斗争。

《六项注意》

史料链接

从1932年4月至1934年3月，苏维埃中央政府和江西省苏维埃政府先后查处了5起贪污腐败大案要案，同时还查处了一批其他贪污腐败案件，在中央苏区开了"杀戒"，引起极大震动，充分展示了党和苏维埃政府反腐肃贪的决心。

——余伯流、凌步机《中央苏区史》

现在在各政权机关红军及各种群众组织中，多半是党员担负着最重要的工作。为要保障这些同志真正成为群众中的模范者，防止一切腐化官僚化贪污等现象的产生，党必须严格的执行纪律。下级党部与党员对于上级党的决议，应负绝对执行的责任。一切违反苏维埃法律对于革命有损害行为的党员，必须比非党员工农分子受更严厉的革命纪律制裁，这尤其是在红军及其他武装组织中更加重要。党应当加紧反对官僚腐化贪污等现象的口号，防止那些现象滋长。

——《中央苏区党的第一次代表大会关于党的建设问题决议案》

课后研学

1. 农村环境下加强党的建设,保持党的先进性和纯洁性对于当前从严治党有何启示?

2. 如何在挫折中寻找出路?简述根据地党的建设经验对个人成长的人生启示。

第10课

真正为民的廉洁政府

建立一个怎样的政权和为谁服务的政府,是中国共产党在创建农村革命根据地过程中必须面对的重要问题。为此,中国共产党从施政纲领、政权组织形式、法制和廉政建设等方面进行了积极探索,积累了宝贵的历史经验。

★ 红色政权的施政纲领

施政纲领是根据地建设的指导思想和行动指南。为了让红色政权施政有章可循,巩固和扩大革命根据地,以毛泽东为主要代表的中国共产党人积极探索,制定和颁布了一系列体现人民当家作主的施政纲领。

■《遂川工农县政府临时政纲》

1928年初,毛泽东率领工农革命军攻占江西遂川县城后,一面积极筹建遂川县工农兵政府,一面指示中共遂川县委书记陈正人起草遂川工农兵县政府施政纲领。在《遂川工农县政府临时政纲》初稿写出来后,毛泽东亲自修改后颁布。其内容涉及政治、军事、文化、土地、生产和人民生活等方面,共30条,目前见到的文本仅24条。这是井冈山革命根据地正式颁布的第一份施政纲领,它集中反映了工农贫苦阶级的根本利益,代表了中国共产党早期的政权主张,对其后党的政权建设产生了重要影响。

史料链接

第一条：凡从(事)劳动及不剥削他人以为生活的男人和女人，如工人、农民、士兵和其他贫民，都有参与政治的权利。此外，各色人等，如收租的人，重利盘剥的商人、资本家、雇主、土豪、劣绅、反革命政府的官吏、国民党的执行委员、监察委员、清党委员、其他各色反革命分子及和尚、尼姑、斋公斋婆、教徒等一概没有参与政治的权利。

第二条：凡工农兵平民有集会、结社、言论、出版、居住、罢工的绝对自由，但对于剥削工农利益和危害本政府地位的反革命派剥夺此种自由。

……

第十条：制定真正能够保障工人阶级利益的劳动法和劳动保险法，实行八小时工作制，星期例假休息照给工钱，男女工作同等要得同等的工钱。

第十一条：工人应该(给)适合他们生活需要的最低限度的钱。

……

第十三条：特别保护童工和女工。童工每天做工不得过六小时，童工女工不许做夜工，又不许做那些剧烈有害健康的工作，八岁以下的儿童，不参加劳动，女士产前产后须有八星期的休息，休息时间照给工钱。

……

第十六条：改良士兵待遇，增进士兵文化程度，士兵要有充分的给养，官长士兵薪饷平等，士兵组织士兵委员会参加军队管理。

……

第二十三条：由工会开办工人学校，由农民协会开办农民学校，由县工农兵政府开办高级的工农学校，以增工农平等的劳动知识和一般文化程度。

……

——《遂川工农县政府临时政纲》

中国共产党的十大政纲

1928年6月，中国共产党第六次全国代表大会在莫斯科召开，会议根据当时中国革命的性质和党的总任务，制定并通过了以反对帝国主义和国民党新军阀，实行土地革命，建立苏维埃政府为主要内容的十大政纲，为全国革命斗争指明了方向。

史料链接

（一）推翻帝国主义的统治。

（二）没收外国资本的企业和银行。

（三）统一中国，承认民族自决权。

（四）推翻军阀国民党的政府。

（五）建立工农兵代表会议（苏维埃）政府。

（六）实行八小时工作制，增加工资，失业救济与社会保险等。

（七）没收一切地主阶级的土地，耕地归农。

（八）改善兵士生活，发给兵士土地和工作。

（九）取消一切政府军阀地方的税捐，实行统一的累进税。

（十）联合世界无产阶级和苏联。

——《政治议决案》

《共产党十大政刚〔纲〕》

第三单元　根据地建设

■ 苏维埃政权是工农联合的政权

　　苏维埃政府是新型无产阶级的政权,是工人和农民的民主专政的政权。它反映了最广大人民的利益需求,是属于工人、农民、红军兵士及一切劳苦民众的政权。在苏维埃政权下,所有工人、农民、红军兵士及一切劳苦民众都有权选派代表掌握政权,讨论和决定一切国家的、地方的政治事务。

▎阅读拓展▎

中央苏区的选举运动

　　为了迎接中华苏维埃第二次全国代表大会的召开,1933年9月至1933年10月间,中央苏区普遍开展了一次自下而上的选举运动。毛泽东所做的报告《今年的选举》成为苏区选举运动的指导性文件。在选举中,苏区人民都获得了充分的民主权利。参加的选民占苏区人民的80%以上,只有生育、患病和担任警戒的人没有参加。在选举前一两个月,每个乡、市均成立了选举委员会,负责筹备和推动选举等工作。在提出候选人名单时,要照顾劳动妇女当选和工农代表比例等问题。候选人名单确定后即张贴公布,每村贴一张,广泛征求群众的意见。群众对此非常关心,在各人名下注写意见,有注2字的,有注5至6字的,有注10多个字的。如名下注着"官僚"二字。由于选民在选举前有了充分的思想准备,选举能体现他们的意志,能选出众望所归的代表。整个选举运动中,苏区人民把工农政权视为自己的生命,表现出了高度的责任感。

选举运动现场

第 10 课　真正为民的廉洁政府

> 📖 **史料链接**
>
> 　　这是多么令人兴奋的事啊！多少年来，政权一直掌握在地主资产阶级手里，我们工人农民被人踩在脚下；而现在，我们就要有自己的中央政权了，工人农民就要当家作主了。想到过去的苦难日子，想到今天革命形势的发展，想到今后日益美好的远景，我的心头像波涛一样汹涌奔腾。那一晚，我激动得很长时间不能入睡。
>
> 　　　　　　　　　　　　　　　　——刘辉山《欢庆红色中央政权的诞生》

■ **真心实意为群众谋利益**

　　人民立场是中国共产党施政的根本政治立场，是区别于其他政党的显著标志。在苏维埃政权执政过程中，政府工作人员真心实意为群众谋利益，以争创一流的精神，发挥先锋模范带头作用，艰苦奋斗，积极发动群众，宣传群众，关心群众生活，注意工作方法，创造"第一等工作"。

> 📖 **史料链接**
>
> 　　我们应该深刻地注意群众生活的问题，从土地、劳动问题，到柴米油盐问题。妇女群众要学习犁耙，找什么人去教她们呢？小孩子要求读书，小学办起了没有呢？对面的木桥太小会跌倒行人，要不要修理一下呢？许多人生疮害病，想个什么办法呢？一切这些群众生活上的问题，都应该把它提到自己的议事日程上。应该讨论，应该决定，应该实行，应该检查。要使广大群众认识我们是代表他们的利益的，是和他们呼吸相通的。
>
> 　　　　　　　　　　　　　　——毛泽东《关心群众生活，注意工作方法》

> **阅读拓展**
>
> ### 共产党什么事情都替我们想到了
>
> 兴国县长冈乡有位妇女叫刘长秀,是红军家属。红军来之前,她家无田无房,生活异常艰难。红军来之后,她家又分房又分田,日子总算有了盼头。然而,1931年,长冈乡遇上夏荒缺粮,全乡人都面临粮食困难,她家更是无米充饥,只能以南瓜野菜为主吃个半饱。让她没想到的是,乡苏维埃政府送了一斗多米给她家,帮助她渡过了难关。
>
> 1933年11月,毛泽东在长冈乡调查返回途中,恰巧碰到刘长秀,听说她是红军家属,便问她:"家中有几个人吃饭?粮够不够吃?"刘长秀见到毛主席,十分激动,把平日里想说却没机会说的话像竹筒倒豆子般抛出来:"我丈夫当红军走了,大儿子也当红军走了,家里没有劳动力。共产党真正好,什么事情都替我们想到了。当粮不够吃时,乡苏维埃政府就从100多千米外的公略县买了大米来救济我们。乡苏维埃政府干部不仅关心我们群众的经济生活,而且关心群众的文化生活,全乡办了4所列宁小学、9所夜校,还办了俱乐部。"
>
> 苏区群众说出的"共产党真正好,什么事情都替我们想到了"这句心里话,后来被毛泽东写进了《关心群众生活,注意工作方法》这篇文章。

★ 红色政权的组织结构

■ 红色政权的组织结构

1931年成立的中华苏维埃共和国所确立的政体是工农兵代表大会制度。中华苏维埃共和国的最高政权为全国工农兵苏维埃代表大会,在大会闭会期间,全国苏维埃临时中央执行委员会为最高政权机关,在中央执行委员会下组织人民委员会,处理日常政务,发布一切法令和决议案。地方苏维埃代表大会分为省、县、区、乡(市)四级,它们分别为该地方最高政权组织,苏维埃代表大会闭会期间,则分别以各级的苏维埃代表大会执行委员会为该地的最高行政机关,执行委员会闭会期间则以主席团为最高机关。中央人民委员会下设外交、劳动、土地、军事、财政、教育、内务、司法、工农检察等人民委员部,同时设有国家政治保卫局、中央革命军事委员会,另设总务厅等。

■ 精干的红色政权

1931年，中华苏维埃共和国临时中央政府机构，除教育人民委员部和国家政治保卫局、中央革命军事委员会外，其余8个部和总务厅全部集中在红都瑞金叶坪谢氏宗祠"一苏大"会堂内办公。每个部的办公条件都比较简陋，工作人员包括部长在内仅3至5人，个别大的部有8至9人。临时中央政府主席只要站在祠堂中央喊一声，就能立时召开中央人民委员会常务会议。每次召开中央人民委员会常务会议，少则半天，多则一天。所议事情，议而有决，决而有行，贯彻落实快而有效，毫不拖沓。每个乡苏维埃政府只配备不脱产工作人员3人，城市（县苏维埃政府所在地的大市镇）苏维埃政府19人，区苏维埃政府15人，县苏维埃政府25人，省苏维埃政府90人。

▍阅读拓展▍

工作效率是如何提高的

中华苏维埃共和国临时中央政府为有效地提高各级政府的工作效率，十分注重提高全体苏维埃工作人员的素质。主要措施有：举办各种培训班，加强思想政治教育，提高文化程度，强化检查监督，开展革命竞赛等。1932年3月2日，中央人民委员会发布《政府工作人员要加紧学习》第六号训令，要求政府工作人员必须加紧学习，提高自己的政治思想水平、文化程度和工作能力。临时中央政府开办了多期训练班，培训县、区、乡干部。中央马克思共产主义学校（中央党校）和苏维埃大学，也为苏区培养了一大批政府工作人员。

中华苏维埃共和国中央执行委员会印章

第三单元　根据地建设

★ 红色政权的法制建设

■ 创制了比较完备的法律体系

红色政权依法行政。为了巩固红色政权,维护人民群众的利益,中华苏维埃共和国临时中央政府制定了宪法、行政法规、刑法、民法、经济法、婚姻法、选举法等一系列法令,构建了一套较为完备的法律体系。

《中华苏维埃共和国土地法》

《中华苏维埃共和国宪法大纲》

湖南省工农兵苏维埃政府颁布的关于婚姻法的布告

阅读拓展

立法须务实
——张闻天与《劳动法》的修订

1932年5月1日,是中华苏维埃第一次全国代表大会(简称"一苏大")后的第一个五一国际劳动节。苏区到处洋溢着节日的气氛,张闻天却提不起兴致。

原来,张闻天发现《中华苏维埃共和国劳动法》(简称《劳动法》)在苏区已普遍贯彻,但这部《劳动法》是依照城市工人运动状况制定的,现在照搬到以农村为主的苏区,明显偏离实际,执行的效果自然也不好。这令他坐立不安。

张闻天深入赣东北的横峰县调查时,发现了不少问题。有位叫陈克思的雇农,与雇主签订了一份合同:每天劳动6小时,不挑40斤以上的东西,报酬由8元上调到16元。还有位放牛娃,每天放牛4小时,报酬也由8元上调到16元。这种大幅度缩短劳动时间、漫天要价的做法,使一些雇主承受不起。雇主农活忙不过来,又雇不起人,严重制约了生产的发展。像这样不切实际的规定,在《劳动法》中还有很多,连工人抽烟、穿鞋、理发、治病等费用,统统都要老板负责。种种规定,让老板不堪重负,只得关门大吉。

张闻天认为,不能一味追求不切实际的利益而忽视工作的现实可行性,那样不利于发展苏区经济,不利于改善群众的生活,不利于巩固苏维埃政权。为此,他在《五一节与劳动法执行的检阅》一文中呼吁:要求我们党与苏维埃政府用十分审慎的态度来解决,使《劳动法》更能适合目前的环境与需要。

后来,临时中央政府根据张闻天的意见,对《劳动法》做了进一步修订,使之更符合苏区实际。

■ 建立了一整套比较健全的司法制度

为了有效地保障法令的实行,苏维埃政府不仅设立了中央、省、县、区四级系统的司法机关,而且建立健全了起诉、审判、判决等司法制度,实行了四级两审制,使得司法有了比较可靠的制度保障。

中央司法人民委员部机构表

中央司法人民委员部
 └─ 中央司法委员会
  部　长:张国焘(1931年11月—1934年2月)
   　　　梁柏台(1934年2月—1934年10月)
  副部长:梁柏台(1931年11月—1934年1月)

 ├─ 刑事处
 ├─ 民事处
 ├─ 劳动感化处
 └─ 总务处

 ├─ 省苏维埃政府裁判部
 ├─ 县苏维埃政府裁判部
 └─ 区苏维埃政府裁判部

史料链接

中华苏维埃共和国中央执行委员会主席毛泽东,副主席项英、张国焘以中执委名义于1934年4月8日公布的有关司法程序的法律文件。共8条。在国内战争环境中,为苏维埃法庭、政治保卫局、肃反委员会等机关,采取坚决、迅速、正确的办法去镇压反革命,保障革命民众的利益,巩固苏维埃政权提供了一个司法程序性的规范性文件。主要内容是:

（1）各级司法审判机关的分工和职权。

（2）区级机关有捉拿反革命及其他应捉拿的犯人之权。

（3）区裁判部、区肃反委员会,有审讯、判决当地犯人之权。

（4）省县两级均有捉拿、审讯、判决与执行判决(包括死刑)一切犯人之权;一切反革命案,各级国家政治保卫局均有预审之权,预审之后,交法庭处置。

（5）废止上级批准制度,实行上诉制度,上诉期最多为7天,从判决书送到被告人之日算起(被告人不识字的,须对他口头说明)。

（6）苏维埃法庭为两级审判制。

（7）其他机关没有逮捕、审判、处罚各种犯人之权。

——《中国公安大百科全书》(下卷)

培养和造就了一支司法干部队伍

司法干部队伍是革命根据地法治的具体执行者。红色政权通过举办训练班和苏维埃干部学校等办法培养和造就了一支规模不小的司法干部队伍,仅中央苏区时期就有2000至2500人。这支队伍不仅为红色根据地司法工作的创立和发展做出了重要贡献,而且为中华人民共和国司法工作的建立做了人才准备。

第10课　真正为民的廉洁政府

▎阅读拓展▎

苏区三大法官

在中央苏区司法干部队伍中，何叔衡、梁柏台、董必武为苏维埃司法制度和司法队伍的建立发展，立下了不可磨灭的功勋，被人们誉为"苏区三大法官"。

何叔衡(1876—1935)，湖南宁乡人，中共一大代表，中国共产党的创始人之一。1931年秋，根据党的指示，他从上海进入中央苏区，并出席"一苏大"，当选苏维埃中央执行委员，被任命为中央工农检察人民委员，后又担任内务部代部长。1932年2月，兼任苏维埃临时最高法庭主席。他领导了苏区司法干部队伍的创建，主持了许多重大案件的审判，为苏维埃法制建设积累了许多有益经验。在审理案件中，他坚持实事求是原则，执法如山，对下面报来审批的案件总是仔细审查，反复推敲，认为不够死刑的就不予批准。他抵制了当时过"左"的肃反政策，受到了批判，但是他毫不动摇，执法如故。1935年2月上旬，在突围途中，他壮烈牺牲于福建长汀，实践了他生前"要为苏维埃流尽最后一滴血"的誓言。

何叔衡

梁柏台(1899—1935)，浙江新昌人，1922年加入中国共产党。1931年9月，梁柏台抵达中央苏区瑞金，参与"一苏大"筹备工作，在"一苏大"上被推举为大会主席团宪法起草委员会成员，参与《中华苏维埃共和国宪法大纲》和《婚姻条例》等法律文件的起草工作。大会结束后，他被任命为中央司法委员会委员、中央司法部副部长。1932年，他兼任临时最高法庭委员，为创建苏维埃司法制度、培养和造就一支苏维埃司法干部队伍，倾注了大量心血。他参加过多起重大案件的审判，担任检察员或检察长、特别检察长等职务，积累了丰富的检察工作经验。1934年2月，被中央执行委员会委任为中央司法人民委员。1935年3月，在率部从于都县南部山区突围途中，负伤被俘，不久在押往大余县城后牺牲。

梁柏台

董必武(1886—1975),湖北黄安(今红安)人,中共一大代表,中国共产党创始人之一。1933年,他进入中央苏区瑞金,任中央工农检察委员会委员。1934年2月,任最高法院院长,负责党和政府的纪律和法制工作,为建立健全苏维埃审判制度做出了重要贡献。1934年3月,受命组织成立最高特别法庭,并担任主审,主持了对原中央执行委员、于都县苏维埃政府主席熊仙璧渎职贪污案件的审判,在中央苏区引起震动。1934年10月,参加长征,到陕北后,任苏维埃中央政府西北办事处最高法院院长等职。中华人民共和国成立后,任最高人民法院院长。1975年4月,在北京病逝。

董必武

★ 红色政权的廉政建设

为了锻造一支深深扎根于人民群众的干部队伍,建设为人民服务的廉洁政府,苏维埃政府高度重视干部教育,强调以身示范,坚持反腐败斗争,将反腐倡廉与党的建设有机结合起来。

■ 以德养廉

腐败现象的滋生有其思想根源。为了清除封建剥削阶级旧思想,纯洁革命队伍,苏维埃政府通过创办马克思共产主义大学、苏维埃大学,建立党员定期汇报思想、上党课、批评与自我批评等制度,加强党员的马克思主义教育,提升红色干部队伍的素质和思想道德水平,进行党员干部的思想政治教育。

文史百科

苏区干部十带头

苏区干部好榜样，十个带头不能忘！
第一带头学习好，政治军事第一桩；
第二带头守纪律，党的机密记心上；
第三带头支红军，参军参战上前方；
第四带头搞生产，既办款来又筹粮；
第五带头勤杂务，窗前屋后四面光；
第六带头买公债，苏区建设添力量；
第七带头行节约，一粥一饭细思量；
第八带头优红属，生老病死有人帮；
第九带头慰英雄，光荣红花戴胸上；
第十带头树新风，嫁女娶亲唔排场。
干部个个带好头，苏区处处喜洋洋。

■ 领导干部以身作则

在苏维埃政府的运行过程中，各级领导干部以身作则，发挥表率作用，坚持与人民同甘共苦，反对贪污浪费，不搞特殊化，带动了整个革命政权机关的廉政自律。

阅读拓展

两次派人送钱来

——毛主席下乡也交食宿费

1933年8月的一天，中华苏维埃共和国临时中央政府主席毛泽东，带领江西军区参谋长陈奇涵[①]前往长胜县铲田区搞调查研究。到铲田区后，他们来不及休息，便分头扎进了群众中。中午时分，铲田区苏维埃政府主席钟赤牯邀请毛泽东一行到他家吃饭。毛泽东来到钟赤牯家，看见满桌的酒菜就皱起了眉头。不管钟赤牯怎么强调菜是自家产的，没花公家一分钱，毛泽东依然坚持自己去区政府吃饭，并建议钟赤牯把做好的饭菜送到伤兵站给伤员们吃。区政府设在一座破祠堂里，区政府的管理员看见毛泽东一行来了，

[①] 陈奇涵曾用名陈奇寒。

为难地说:"主席啊,咱这里条件艰苦,没什么好招待啊,只有红薯、芋头。"就这样,毛泽东一行在区政府就餐,中午吃的是红薯,外加一盘萝卜干,晚上吃的是芋头粥。吃过晚饭,毛泽东还召集区乡干部开会,开完会已是深夜了,毛泽东一行四人便住在这个破祠堂里。第二天一早,毛泽东一行返程,他安排警卫员小吴按照规定向区政府财政部结清食宿费。

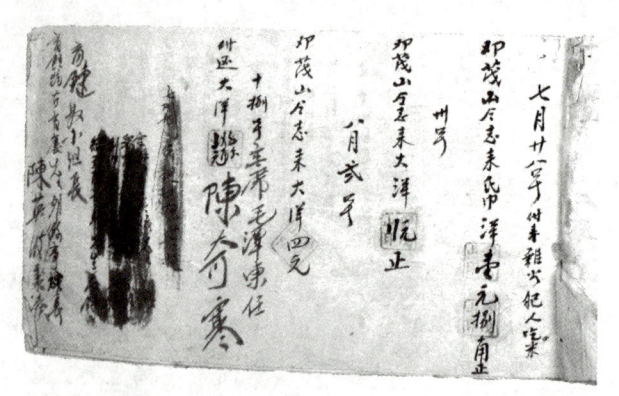

1933年毛泽东下乡调研时缴纳的食宿费账单

小吴找到区财政部部长交食宿费。但老部长听说毛泽东一行只在这里吃住了一天,说什么也不肯收。两人争执不下,于是找到了钟赤牯。钟赤牯也觉得老部长做得对,他说:"毛主席吃的是粗茶淡饭,住的是祠堂庙角,又不是什么旅馆招待所。我们收钱过意得去吗?再说毛主席他们是来工作的,又不是办私事,为公办事于情于理也收不得啊。"小吴无奈,只得匆匆上路去追毛泽东。

毛泽东看见警卫员没交钱就回来了,十分生气,要求他马上折回去将钱结清。小吴很是为难。在一旁的陈奇涵见状便主动请缨去交食宿费。看到陈奇涵返回来交食宿费,钟赤牯激动地说:"毛主席到我们这儿来,只不过吃了一点红薯芋子,住了一晚祠堂,就要交食宿费,而且两次派人送钱来,这叫我们说什么好呢……"但他知道这次必须收。于是,老部长拿出毛边纸制作的账本,郑重地记上:"1933年8月18日,主席毛泽东一行四人,照章交来食宿费大洋一元八角……"陈奇涵交了钱后,在后面的经手栏内,端端正正地签上了自己的名字。

中华人民共和国成立后,铲田区的老同志将这册封面齐全、保存完整并盖有区政府财政部大印的珍贵革命文物交到了瑞金中央革命根据地纪念馆保存。这份珍贵的账单是苏区干部好作风的历史缩影,成为革命领袖廉洁自律做表率的生动见证。

■ 坚持惩治腐败

为了清除党和政府中发生的腐败现象,根据地党和政府以高度警觉性和巨大的决心加大惩治腐败力度,严厉查办了一些大案、要案,并依据法律法规,惩治了一些贪污不良行为者。

《关于惩治贪污浪费行为——中央执行委员会廿六号训令》的报道

第10课　真正为民的廉洁政府

▌阅读拓展▐

中央苏区的反腐训令

1933年12月,根据毛泽东的意见,中华苏维埃共和国中央执行委员会颁布《关于惩治贪污浪费行为——中央执行委员会廿六号训令》。训令指出:"为了严格惩治贪污及浪费行为,特规定惩罚办法:(一)凡苏维埃机关,国营企业及公共团体的工作人员利用自己地位贪污公款以图私利者,依下列各项办理之:(甲)贪污公款在五百元以上者,处以死刑。(乙)贪污公款在三百元以上五百元以下者,处以二年以上五年以下的监禁。(丙)贪污公款在一百元以上三百元以下者,处以半年以上二年以下的监禁。(丁)贪污公款在一百元以下者,处以半年以下的强迫劳动。……(四)苏维埃机关,国营企业及公共团体的工作人员,因玩忽职务而浪费公款,致使国家受到损失者,依其浪费程度处以警告、撤销职务以至一个月以上三年以下的监禁……"这是中国共产党自成立以来制定的第一份完整的反贪污浪费的文件,标志着反贪污浪费行为的斗争开始步入了法制化的轨道。

■ 加强监察监督

为了保证红色政权的清正廉洁,苏维埃政府还高度重视运用法制监督、舆论监督、党内监督、群众监督等多种监督形式对党和政府及其工作人员进行多层次、多方位的监督,并建立了一套比较完善、行之有效的监督机制。

兴国县高兴区苏维埃政府工农检察部设置的控告箱　　中央审计委员会的审计报告

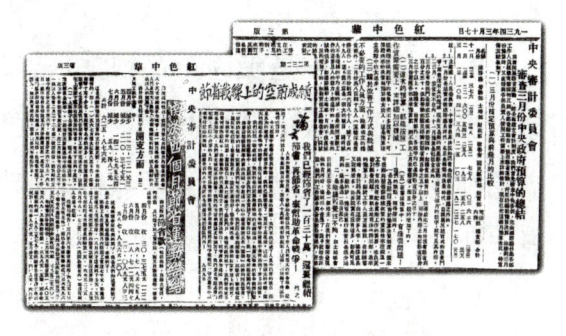

■ 课后研学

1. 红色根据地的政权建设对当代中国的政权建设有何影响?
2. 中华苏维埃政府为什么能成为空前的真正的廉洁政府,它对我们今天的反腐倡廉有何启示?

第11课

要有足够给养的经济力

足够给养的经济力是根据地发展的基础。在创建红色根据地的过程中,党和红军打土豪,分田地,废除封建土地所有制,发展军需工业和手工业,兴办各项事业,打破了敌人的经济封锁,保障了红色根据地的军民需要,有力地支援了革命战争。

★ 大力发展农业

■ 开展农业生产运动

发展农业生产是巩固革命根据地经济,支持革命根据地发展壮大的基础。在革命根据地,中国共产党和各级苏维埃政府加强领导,颁发动员农民发展农业生产的布告,广泛发动妇女参加农业生产。

《宁冈县第三区第八乡苏维埃政府布告》

| 阅读拓展 |

三湾乡的妇女工作

一位曾在土地革命时期负责三湾乡妇女工作的老同志回忆道:"当时,女党员是骨干,又是妇女的代表,不仅要参加党的活动,而且要领导妇女搞生产。那时,强壮的男人都去打土豪劣绅或参加红军了,家里只剩下些老幼妇弱。于是,犁田、耙田、插秧都是我们妇女干的。在干活时,怕有反动派来干扰,还要派一个人放哨。一般来说,田还是自己种自己家的,但我们互相帮助,使大家的活都按季节干完。对于红军家属的田,我们采取几个人包一家的办法,并且经常慰劳红军家属,帮红军家属挑水、砍柴。当时,我们三湾乡的妇女,既是生产骨干,又是参加打仗,打土豪、分田地的积极分子。那时,我们是很辛苦的,很困难的,但在艰难困苦的环境中我们都很愉快。"

■ 解决农民的实际困难

农民得到土地后,苏维埃政府发放贷款,成立农业互助合作社、犁牛合作社及农具合作社等多种机构,并规定对苏区或白区没收豪绅、地主及富农的耕牛、农具,不得任意宰杀耕牛,一律交由土地部,按计划地分配给犁牛合作社与农具合作社管理使用,切实帮助农民解决缺耕牛、种子、农具等困难。

> **名言警句**
>
> 在目前的条件之下,农业生产是我们经济建设工作的第一位,它不但需要解决最重要的粮食问题,而且需要解决衣服、砂糖、纸张等项日常用品的原料即棉、麻、蔗、竹等的供给问题。
>
> ——毛泽东

1934年中央苏区部分县犁牛合作社一览表

县别	社数（个）	社员（人）	股金（元）	耕牛（头）	平均每社人数（人）	平均每社牛数（头）	份数（份）	每份平均社数（个）
瑞金	37	3638	5206	104	98	2.8	42	0.88
兴国	72	5552	5168	121	77	1.7	115	0.63
长汀	66	—	—	143	—	2.2	103	0.64
西江	284	15075	11719.5	234	53	0.8	—	—

注:资料来源于中央粮食人民委员会旧址《中央苏区粮食史迹展览》。

史料链接

根据瑞金石水乡(无牛的百分之三十)、兴国长冈乡(无牛的百分之二十五)、上杭才溪乡(无牛的百分之二十)三处的材料,可以知道农民中完全无牛的,平均要占百分之二十五,这是一个绝大的问题。解决方法,莫妙于领导群众组织犁牛合作社,共同集股买牛。办法是在自愿原则下(经过社员大会同意),每家照分田数每担谷田出谷二升至三升。例如,长冈乡每人分田六担二斗,无牛的一百零九家,平均每家四人，共四百三十六人，分田共二千七百零三担，每担三升得谷八十一担，每担五元得钱四百零五元，以二十元买一牛计，得二十头。每牛耕田八十担，共可耕田一千六百担，对于二千七百零三担，已解决了一大半，明年再出两升，即可完全解决。而租牛每年每担谷田即须出牛租五升。这一办法是石水乡群众提出来的，他们已在实行。我们希望各地都能实行。这不但解决贫苦农民一大困难，对于增加农业生产更有大的意义。

——毛泽东《长冈乡调查》

毛泽东长冈乡调查会会址

水利是农业的命脉。苏区各级苏维埃政府十分重视兴修水利，各级土地委员会都设立了水利局或水利委员会，专管兴修水利的工作。经过艰苦的努力，兴修水利的工作取得显著成绩，根据地农业普遍获得大丰收。1928年，宁冈县粮食总产量比1927年增长了两成。

中央苏区兴修水利一览表

省、县名称	新建水利工程（座）	修复水利工程（座）	新建与修复之比
兴国、瑞金县	122	3677	1:30
宁化、汀东、长汀县	未统计	2366	—
粤赣省	20	4105	1:205
闽浙赣省	750	832	1:1.1

注：资料来源于中央粮食人民委员会旧址《中央苏区粮食史迹展览》。

阅读拓展

中央苏区的水利建设

1933年冬和1934年春,赣南苏区旧有的水塘、水圳、水坝等几乎都进行了一番整修。瑞金9个区的群众,仅用50天时间,兴建新旧陂圳1400座,水塘3379口,新旧筒车88乘,水车1009乘。田地总数341745担,灌得到水的319938担,农田有效灌溉面积达94%。兴国一县的报告,就修好陂圳820座,水塘184口,水车、筒车71乘,费人工87489天,能灌溉425951担田。并新开陂圳49座,水塘49口,费人工40642天,能灌溉94676担田。在粤赣全省修好陂圳4105座,并且新建陂圳20多座。在福建只长、宁、汀三县就修好陂圳2366座,而且新开了几十条陂圳。

中央土地人民委员部山林水利局旧址

切实维护农民利益

各红色根据地经常教育党政工作人员和红军指战员,要很好地领导、组织和支持农民发展农业生产;要分片包村,定期到农村帮助农民生产劳动,扶助农业经济发展;要搞好军民关系,切实维护农民的切身利益。

文史百科

军民一家

一棵大树万条根,

红军百姓一家人,

红军如鱼民如水,

鱼水哪能片刻分。

第三单元　根据地建设

▎阅读拓展▎

干活真在行的中央首长

1933年11月,毛泽东又来到才溪乡做调查。有一天,毛泽东在乡苏维埃政府主席卓兴华的陪同下,来到乡苏维埃政府门前的一块红军公田里。当时有20多名妇女在番薯地里劳动,卓兴华向大家介绍说:"咱们中央首长看望大家来了。"霎时,红军公田一片欢腾。这时,毛泽东已经卷起衣袖、裤脚,拿过一把锄头在田里干了起来,时而整理着杂乱的番薯藤,时而给番薯除草、培土,动作熟练、干净利索。群众赞不绝口:"咱们的中央首长干活真在行。"又一天下午,毛泽东在区苏维埃干部的陪同下,到群众家调查访问。路过一户军属家门口时,看到一位军属老大娘正在劈柴。毛泽东微笑着走到老大娘跟前,谦逊地说:"让我试试看!"说着就接过斧头劈了起来……看着毛主席劈柴动作那么熟练,刚劲有力,老大娘打心眼里佩服。

毛泽东与群众一起劳作

★ 促进工业发展

为了打破敌人的经济封锁,解决根据地布匹、食盐、糖等日常生活物资奇缺问题,根据地军民一方面自力更生,艰苦创业,从无到有,逐步建立起规模不等的工业生产体系;另一方面确立正确的商业政策,建立和发展公营商业和集体性质的商业,增强保障革命战争和满足根据地军民生活需求的能力。

■ 中国工农红军第四军军械处

初期,红军没有自己的兵工厂,武器来源主要靠战场上缴获敌军的武器。在井冈山斗争时期,部队设立修械所,红四军成立后,成立了军械处,宋乔生任处

中国红军第四军军械处旧址

长,刁辉林任副处长,从军队和地方上调集30余名枪工,主要负责修理全军的各种武器,以及时供给红军在战场上使用。军械处不仅能修理各种武器,制造梭镖、大刀和鸟枪,而且还能制造出单响枪和松树炮。1928年8月30日,黄洋界保卫战中使用的那门迫击炮,就是在这所军械处修理后抬上黄洋界参加战斗的。红军军械处的工人们还经常帮助当地农民兄弟修理镰刀、锄头等各种农具,得到农民们的称赞。

湘赣省军区兵工厂生产的手雷

■ 桃寮被服厂

1927年冬,为解决部队的穿衣问题,毛泽东委派工农革命军第一军第一师副师长余贲民负责筹建被服厂。1928年元月,被服厂在宁冈桃寮村正式成立。开办初期招募附近村庄的裁缝师傅10余人,用打土豪缴来的布匹染色后制作军服。后方留守处派出林善宾任厂长。至翌年5月,红军打下永新县城,缴获不少布匹物资和6架缝纫机,被服厂规模扩展到13个作业组,为解决部队的被服军需起了很大的作用。

桃寮被服厂旧址

■ 中央印刷厂

中央印刷厂于1931年11月在瑞金叶坪成立。中央印刷厂下设材料科、总务处、铅印部、石印部、排字部、编辑部、刻字部、裁纸部、装订部、铸字部。当时厂里机器设备简陋，铅印部共有机器5台，其中4台为旧机器，主要印刷《红色中华》《斗争》《苏区工人》等报刊和一些革命书籍及传单等。石印部主要印刷纸币、米谷票、邮票以及重要的公文布告等。

中央印刷厂旧址

中央印刷厂石印机

中央政府教育部制、中央印刷厂印的世界地图

★ 发展根据地商业

■ 交通和邮政业的建设

为了打破敌人强大的军事进攻和严密的信息封锁，红色根据地的党和苏区政府通过递步哨、传山哨、交通站或国民政府邮局等形式，建立了人民邮政通信事业和地下交通线。

第 11 课　要有足够给养的经济力

中华苏维埃共和国邮政局旧址

阅读拓展

中央苏区的秘密交通线

从上海党中央到中央苏区有三条秘密交通线：一条从广州、韶关、赣州到瑞金；一条从广州、梅县、会昌到瑞金；一条从广州、汕头、潮州、大埔、永定、长汀到瑞金。前两条交通线开辟后不久就被破坏了，因此，第三条线即韩江—汀江一带就成为中央苏区与上海党中央联系的主要通道。此外，还有一条交通线，就是从上海直接到汕头（不经香港、广州），到汕头后再经大埔到闽西，但这条线更为保密，一般情况下不使用。

茅坪红军交通站

第三单元 根据地建设

■ 根据地的财政金融

为了克服敌人经济封锁所造成的资金上的困难,活跃根据地军民的经济,增加根据地的财政收入,保障红色革命根据地的财政供给,各地党和苏维埃政府在推行积极的财政政策、财政方针和财政工作的同时,还创办金融机构,发行纸钞,铸银圆,建立新的信贷体系,促进了根据地金融的健康发展。

中华苏维埃共和国国家银行旧址

中华苏维埃共和国国家银行贰角纸币

阅读拓展

东固平民银行

1928年,为了沟通东固根据地与白区的经济联系,活跃东固的市场,解决东固人民和部队的给养问题,发展根据地的生产,东固区党委领导根据地军民积极开展反经济封锁斗争,同时决定成立东固平民银行。

当时银行发行的纸币,票面有四种,为1元、5角、200文、100文。随着银行业务的扩大,增印了2元一张的纸币,票面比1元的略大一些,纸币的正面下端左右两旁分别盖有"平民银行之章"和"黄启绶之章"的红色印章。随着红色区域的不断扩大,东固平民银行发行的纸币的流通范围亦扩大到兴国、泰和、吉水、永丰等地。1930年,中共赣西南特委遂决定将原东固平民银行扩大为江西工农银行。

东固平民银行旧址

第 11 课　要有足够给养的经济力

★ 打破经济封锁

■ 设立物资转运站，接通赤白贸易

为了打破敌人的经济封锁，红色根据地的党和苏维埃政府有领导地开展对白区的贸易活动，派出人员，深入白区秘密接通赤白贸易，建立赤白贸易线。从白区运进根据地缺乏的必需品，如食盐、布匹、西药等。

阅读拓展

井冈山斗争时期的物资转运站

井冈山斗争时期，莲花县工农兵苏维埃政府在萍乡通过各种关系，争取了两家药店和三家杂货店为根据地提供药材和日用品。1928年冬，莲花县外贸干部老谢接到县苏维埃政府的指示，要他去萍乡明济药店提取根据地急需的一批西药。由于时间紧、任务急，他日夜兼程赶到萍乡。谁知取药后遇到情况：敌人实行全城戒严，要出城，随时都有被查获的危险。为了把这批药品运往根据地，老谢同志"明知山有虎，偏向虎山行"，他急中生智，在城里找了两个熟人，打扮成巨商，雇了一顶轿子，把药品用毯子包好当作轿垫。第二天一早，一行人巧妙地骗过了敌人的岗哨，大模大样地出了城，把药品及时地运到了根据地。

黄坳红军物资转运站旧址

■ 开辟红色圩场，设立公卖处

为了活跃红色根据地的经济，各地党和苏维埃政府不断克服和纠正"左"倾错误，采取保护中小商业者政策，积极改造旧的圩场，开辟红色圩场，设立公卖处，促进根据地商业繁荣。

新遂边陲特别区工农兵政府公卖处旧址

129

第三单元　根据地建设

📖 史料链接

保护小商人做买卖。在井冈山时期,我们也有城市政策。但开始我们不清楚,以为商人都是资本家,连卖草鞋的也没收,纸店里的纸统统拿出来写标语。毛泽东同志总结了经验,指出,城市有小商店、夫妻店,我们要保护它,我们反对封建剥削,只能没收土豪的财产,但是保护工商业利益,如土豪兼资本家,就只能没收封建剥削的那一部分,商业部分连一个红枣也不能动。如果有些特别坏的土豪必须没收他的商店的话,就一定要出布告,宣布他的罪状。没收土豪的财产也要出布告,宣布他的封建剥削罪状。没收来的财物、粮食,尽量召集群众大会,散发给群众,以提高群众的自觉。此后,我们按照毛泽东同志的指示去做,城市工作也就更好做了。

——赖毅《忆井冈山斗争片断》

草林红色圩场旧址

大陇红色圩场旧址

■ 设立中央对外贸易总局

中央对外贸易总局于1933年4月在瑞金成立,隶属中央国民经济人民委员部,是根据地经济建设中的重要部门。中央对外贸易总局的主要任务是:管理苏区对外贸易事宜,设法打破国民党对中央苏区的经济封锁,保证苏区境内的产品与境外的商品经常交换,消灭农业生产品与工业生产品的"剪刀差"现象。对

第 11 课　要有足够给养的经济力

外贸易总局为加强对外贸易工作，相继在赣县江口、闽西汀州、会昌乱石圩、吉安值夏等设立了对外贸易分局，并在重要出口地设立了10个采办处，形成了一个点多面广的对外贸易网络。这样，苏区的谷米、钨砂等产品源源不断地运到白区，换回苏区军民急需的食盐、西药和布匹等，保障了苏区军需民用物资的供应。

中央对外贸易总局旧址

1933年，钱之光任局长，江阿明、刘炳奎先后任副局长。中央对外贸易总局下设业务科、采办科、会计科、出纳科、保管科、管理科等机构，工作人员开始只有30多人，后来发展到80多人。

■ 开展节省运动

为了应对战争环境下困难的经济条件，各红色根据地发起群众性的节省运动，通过干部以身作则、吃苦在前、带头节省等方式，节省了财政支出，这对打破敌人封锁、克服苏区困难、保障战争经费起了十分重要的作用。

▌阅读拓展▐

一切节省给予战争

1934年3月13日，《红色中华》报第一百六十一期第一版发表署名然之的社论《一切节省给予战争》，同版还刊登文章《本报号召：为四个月节省八十万元而斗争！》，提出在4月至7月之间，节省80万元经费用于支援革命战争。具体的节约办法是：政府工作人员每日节约二两米；列宁小学教员伙食由原来的政府提供改由学生负担；分了田的工作人员每人自备伙食一个月等。文中配发尚智的漫画《节省八十万行政费》，画面分为上下两部分内容，上面是大家纷纷把钱投入节省经费的漏斗，下面是装满革命战争经费的箩筐。

《节省八十万行政费》（漫画）

131

阅读拓展

共产党人当官不是为了发财

1934年初,时任江西省苏维埃政府主席的刘启耀,带头回家背米去机关吃,既不要公家的口粮,也不要公家发伙食费。他妻子一时想不通,埋怨道:"当个省里主席,连一碗饭都赚不到,真是没用。"刘启耀听后,耐心地给她讲道理,说共产党人当官不是为了发财,而是为老百姓谋幸福,我们现在苦一点,可为老百姓能过上好日子也是值得的。后来,妻子想通了,主动从兴国县老家挑大米走了50多千米山路,把大米送到设在宁都县的省苏维埃政府机关。见到刘启耀,她嗔怪道:"你在省里办公,饭还要我供!"刘启耀笑道:"革命成功,吃穿不穷……"

中华苏维埃共和国中央政府粮食人民委员部发行的"一斤米票"

课后研学

1. 为巩固红色根据地,中国共产党在根据地进行了哪些经济建设,取得了什么成就?

2. 为打破敌人的军事和经济封锁,中国共产党在领导和组织红色根据地经济建设过程中创新了什么管理模式?这些模式对当前社会主义现代化建设有什么借鉴意义?

第12课

创造新的工农大众文化

文化是团结自己、战胜敌人必不可少的力量。为了打破国民党的文化"围剿",创造无产阶级领导的人民大众的反帝反封建的文化,中国共产党从宣传、教育、文艺、新闻、出版等方面在革命根据地开展了丰富多彩的文化建设,改变了根据地人民的精神面貌,满足了人民群众的精神文化需求。

★ 传播马克思主义革命文化

■ 革命理论的传播

马克思主义是科学的理论,是我们党的根本指导思想。为了让苏区人民掌握马克思主义,理解马克思主义,提高其思想理论水平和政治水平,中国共产党通过党的各级组织,用土纸、油印、石印、木板印等印制各种马克思主义著作,以读报、演讲、发传单等形式开展革命理论宣传活动,提高了群众的政治认识,增强了群众的阶级意识。

《共产党宣言》

第三单元　根据地建设

■ 新闻舆论的兴起

新闻出版和印刷发行是党的文化工作的重要内容。为了更好地传播马克思主义理论,根据地各级机关和群众团体积极创办报刊,推动舆论宣传。在中央苏区,创办了《红色中华》《青年实话》《斗争》《红星》等当时影响比较大的报刊。此外还有《实话》《战斗》等100余种报刊。编印、出版发行的马列经典著作、政治理论书籍和各类军事、文化、科技书籍,总计有350余种,总印数达数万册之多。

史料链接

《红色中华》是中华苏维埃共和国临时中央政府的机关报。

他的任务是要发挥中央政府对于中国苏维埃运动的积极领导作用,达到建立巩固而广大的苏维埃根据地,创造大规模的红军,组织大规模的革命战争,以推翻帝国主义国民党的统治,使革命在一省或几省首先胜利,以达到全国的胜利。目前他的工作:

《红色中华》报(第九十三期)

第一要组织苏区广大工农劳苦群众积极参加苏维埃政权。这不但要引导工农群众对于自己的政权,尽了批评、监督、拥护的责任,还要能热烈的参加苏维埃政权的工作,了解苏维埃国家的政策、法律、命令及一切决议,能运用自己的政权,达到镇压反革命的阶级,实现自己阶级的利益与要求。

第二要指导各级苏维埃的实际工作,纠正各级苏维埃在工作中的缺点与错误,目前改造苏维埃,特别是建立乡苏维埃,以及纠正过去土地革命及现时肃反工作的非阶级路线,对于经济政策的忽视与错误等都成为目前建设苏维埃的急要工作,须要以自我批评的精神,检阅工作的成功与缺点,找出正确的方法,指示各级苏维埃有计划有日程地进行工作,以建立巩固而有工作能力的苏维埃政权。

第三要尽量揭破帝国主义、国民党军阀及一切反动政治派别进攻革命、欺骗工农的阴谋,与反动统治的内部冲突崩溃,及一切政治内幕,介绍苏区、非苏区红军斗争,工农革命运动的消息,使工农劳苦群众,懂得国际、国内的政治形势,与必要采取的斗争方法,而成为扩大苏维埃运动的勇敢的战士。

——《红色中华》发刊词

阅读拓展

邓小平亲力亲为办《红星》报

20世纪30年代初,邓小平主编当时红军总政治部的机关报《红星》。他是主编,除有一个技术帮手外,他既要改写稿件,又要编排版面,还要负责书写标题与校对。这份办得很有特色的《红星》报,先后共设了《列宁室》《军事常识》《军事测验》《卫生常识》《俱乐部》《红板》《铁锤》《法厅》等17个专栏和文艺副刊。其中的《列宁室》是指导革命理论学习的,开展过"战争问题"和"巴黎公社问题"的讨论。《法厅》副刊是宣传革命的法律知识和报道受军法处罚案件的,这是我党我军最早的法制宣传园地。文艺副刊有《山歌》《红军歌曲》等。《红星》报办得生动活泼,深受红军指战员和人民群众的欢迎,在艰苦的战争年代,军民称《红星》报为"大无线电台"。

《红星》报社编辑部

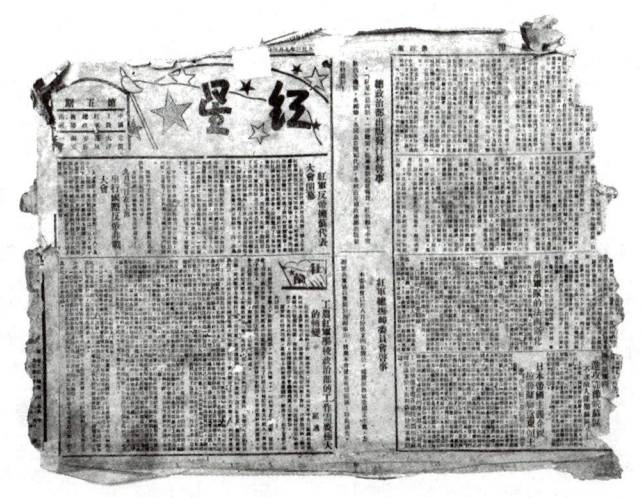

《红星》报(第五期)

■ 形式多样的宣传教育

在苏区，由于宣传教育的对象大都是贫苦农民，为了更好地开展宣传教育，中国共产党人通过广泛建立各种宣传组织，如列宁室、工农夜校等，采用会议、戏剧、墙报、标语等具有鲜明特色、易被掌握、有吸引力、富有创新性和实用性的传播方式，把先进学说渗透到苏区的每一寸土地，实现马克思主义与工农群众的紧密结合。

第二次全苏大会准备委员会印制的宣传单

《马格斯（马克思）资本论入门》　　《社会主义史》

▌阅读拓展

"兴国山歌大王"曾子贞

曾子贞，1903年出生于兴国县石门村，是中央苏区时期大名鼎鼎的山歌大王。她1930年担任兴国县苏维埃国民经济部部长，用山歌来鼓动群众，推动革命发展。扩红的时候，她用富有感情的歌声激励群众积极参加红军；慰问支前的时候，她用山歌鼓励红军勇敢杀敌。

在莲塘战役中，她看到红军奋勇杀敌时，情不自禁地用山歌唱道："红军走路一阵风，取得优势占高峰，一个冲锋杀过去，敌人好比倒柴筒。"悠扬的山歌声随风飘荡，威武的红军更加勇猛，一个个好似猛虎下山。毛泽东听到了山歌声，就问身边的陈毅："谁在唱呀，唱得这么好？"陈毅同志告诉他说："兴国来的山歌大王哩，叫曾子贞。""好！唱得真好！"毛泽东连声称赞。从此，曾子贞"兴国山歌大王"的名号在苏区大地唱响。

★ 继承中华民族优秀传统文化

中华民族优秀传统文化是中华民族的根和魂。中国共产党是中华优秀传统文化的忠实继承者、弘扬者和建设者。一方水土养育一方人，在红色根据地，血液中流淌着中华民族传统文化基因的中国共产党人，要让自己的理想信念为当地人民所接受，就必须将马克思主义与中华民族的优秀传统文化、地域文化相结合，并以此推动中国特色、中国风格、中国气派的革命文化形成。

■ 庐陵文化

庐陵文化历史悠久、底蕴深厚。欧阳修、胡铨、杨万里、文天祥、周必大、杨士奇、解缙等为其代表人物。忧国忧民、忠义节烈、凛然正气、坚忍执着、崇文重教、吃苦耐劳是庐陵文化的重要方面。江西境内的红色根据地，特别是湘赣边界红色区域内的革命群众，他们积极吸收庐陵文化的精神要素，在接受马克思主义理论后，立志返乡传播马克思主义，将庐陵文化与穷苦工农解放的远大追求相结合，实现救国救民的抱负与理想。

庐陵文化生态公园一景

■ 湖湘文化

湖湘文化源远流长，在近代异军突起。其代表人物主要有王夫之、魏源、曾国藩、左宗棠、谭嗣同、黄兴、宋教仁、陈天华、蔡锷等。心怀天下、敢为人先、求新思变、百折不

岳麓书院

挠、崇尚实学、勇武坚强是湖湘文化的重要方面。红军队伍中有许多湖南籍战士，在革命的实践过程中，他们自觉地将湖湘文化融入根据地的文化建设中，推动着红色革命文化的发展。

▍阅读拓展▍

七绝　呈父亲
毛泽东

孩儿立志出乡关，学不成名誓不还。
埋骨何须桑梓地，人生无处不青山。

■ 客家文化

客家是指从中原迁至南方，历经千年而保有独特方言和风俗习惯的汉族民系。客家民系是中国历史上多次移民大迁徙的产物。客家文化是具有移民文化特质的地域文化。开拓进取、讲求实际、勤劳俭朴、团结互助、崇文尚武、耿直刚毅是客家文化的重要方面。江西是客家人聚集比较多的区域，红军战士中许多都是客家人。在根据地文化建设的过程中，红军战士自然而然地汲取客家文化的精华，并赋予了其新的时代内涵。

大井毛泽东旧居

▍阅读拓展▍

坚贞不屈的戴五嫂

1883年，戴五嫂生于福建长汀三洲乡戴坊村的一个贫苦客家农民家庭，后嫁入丘坊村成为俞家的媳妇，丈夫不幸英年早逝。土地革命时期，原本靠背着独子俞洪标乞讨为生的戴五嫂，在中国共产党的教育和引导下，积极投身于土地革命的洪流之中，成为长汀南部一带杰出的革命女性和苏区模范乡——"红色中华第一乡"永红乡的骨干领导之一。

红军开始长征之后,戴五嫂等人在长汀、连城两县交界的松毛岭一带坚持革命斗争。在敌强我弱、敌人严密封锁的情况下,斗争非常艰苦。最后,戴五嫂所率领的游击队被敌人打散。为了躲避敌人的追击,戴五嫂辗转流落到宣成乡羊角溪庙下的谷箩山一带。1936年元宵节那天,戴五嫂悄悄地回到了三洲。孰料,戴五嫂回乡的事情还是很快被人获知。戴坊村反动民团的一耳目迅速向丘坊的反动民团告密。丘坊村民团头子丘观长立即纠集丘坊"义勇队"队长俞板头等人,前往三洲村,把戴五嫂抓捕到丘坊。当她落入反动民团魔爪的时候,已经53岁了。丘观长等人为了从戴五嫂嘴里得到有价值的线索,决定立即对戴五嫂施以酷刑。夜幕时分,丘坊反动民团的骨干成员就敲响了铜锣,沿途告知村民:"晚上来看[①]人。"就在那天晚上,戴五嫂被绑在俞善根祖房天井边的屋柱上,反动民团对她施行了长达几个小时的酷刑。在当时,如果通过宗亲向反动民团求个情、认个"错",兴许就能保住性命,但是她最终选择了为真理而献身。

★ 建设根据地红色文化

■ 创作红色歌曲

在进行革命宣传的过程中,根据地内军民除了传唱革命歌曲外,还经常对当地民间原有曲调稍加整理改编,填上宣传革命道理、反映苏区军民斗争生活的新词,进行演唱。这类歌曲一经演唱,就受到苏区军民的热烈欢迎,许多歌曲在苏区广为传唱。如采用民间《十月怀胎》调填词创作的《十送红军》,采用民间《花鼓词》填词创作的《同心革命歌》等,都成为影响深远的著名苏区歌曲。

《工农红军学校毕业歌》

[①] 看,客家话,"迟"音,千刀万剐的意思。

第三单元　根据地建设

■ 创编红色戏曲

为了推动苏区红色戏剧的发展,红军和苏维埃政府相继成立了八一剧团、工农剧社、战士剧社等,并专门创办了高尔基戏剧学校。在戏剧人员的努力下,苏区创作和演出了近百个艺术感染力很强的现代革命剧,影响较大的有《我——红军》《战斗的夏天》《松鼠》《揭破鬼脸》等。还培养和造就了一批深受苏区军民喜爱的艺术家,如李伯钊、钱壮飞、李克农、胡底、沙可夫、赵品三等。

黎川三都战士剧社

文史百科

工农剧社社歌

我们是工农革命的战士,
艺术是我们革命武器,
为苏维埃而斗争!
暴露旧社会的黑暗面,
指示新的光明,
创造题材与故事英雄,
就在革命与战争,
赤色革命的战士。
创造工农群众的艺术,
阶级斗争的工具,
为苏维埃而斗争!
暴露旧社会的黑暗面,
指示新的光明,
创造题材与故事英雄,
就在革命与战争,
赤色革命的战士。

■ 创办图书馆、俱乐部、阅报室等

为活跃群众的文化生活，红色根据地相继在农村、机关和部队建立起图书馆、俱乐部、阅报室等群众文化组织。中央教育人民委员会专门设立社会教育局（省、县设社会教育科），负责管理这些组织的工作，要求他们定时向党员干部以及苏区群众开放，供其查找资料，开展文化学习，进行活动交流等。

阅读拓展

中央苏区图书馆的变迁

1932年3月，在叶坪村中央工农民主政府旁边的一幢"教厅子"，办起了中华苏维埃中央图书馆（简称"中央苏区图书馆"）。图书馆有3名工作人员管理报纸、杂志和图书，每天定时开放，供领导干部、红军战士、乡村干部阅览和查找资料。馆内除收集了中央苏区出版的34种报纸外，还藏有马克思、恩格斯、列宁、斯大林等人的著作，收藏图书2000多册。

随着革命和战争形势的发展，毛泽东、周恩来等同志于1933年4月至1934年7月移居瑞金沙洲坝，1934年7月到9月又迁往云石山。中央苏区图书馆也于1933年4月迁往沙洲坝，设在毛泽东住房右侧，1934年8月6日迁往云石山。1934年10月，毛泽东等随中国工农红军离开瑞金开始长征，中央苏区图书馆也随队伍迁移各地。

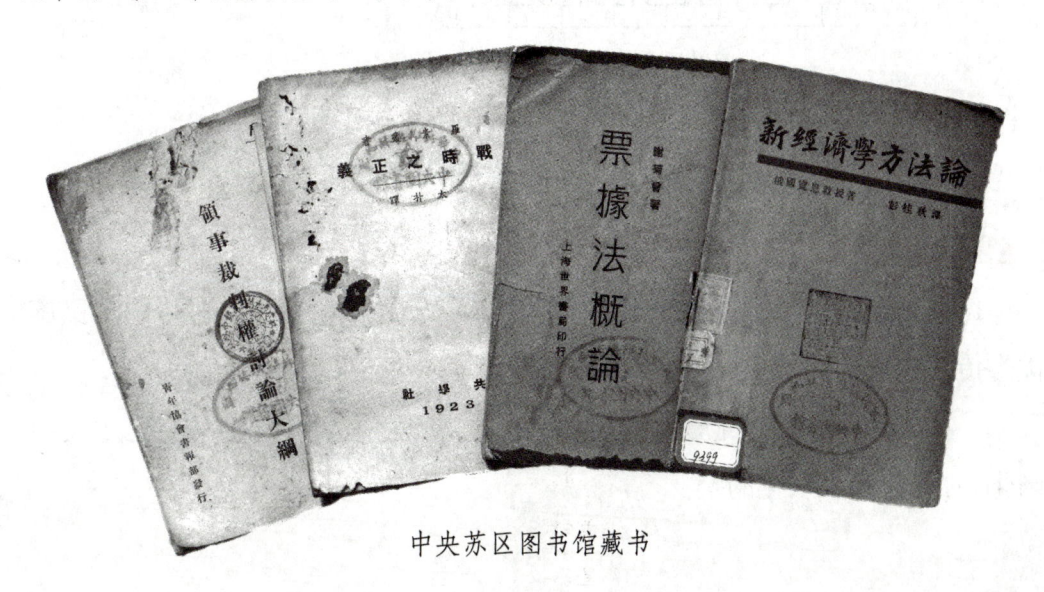

中央苏区图书馆藏书

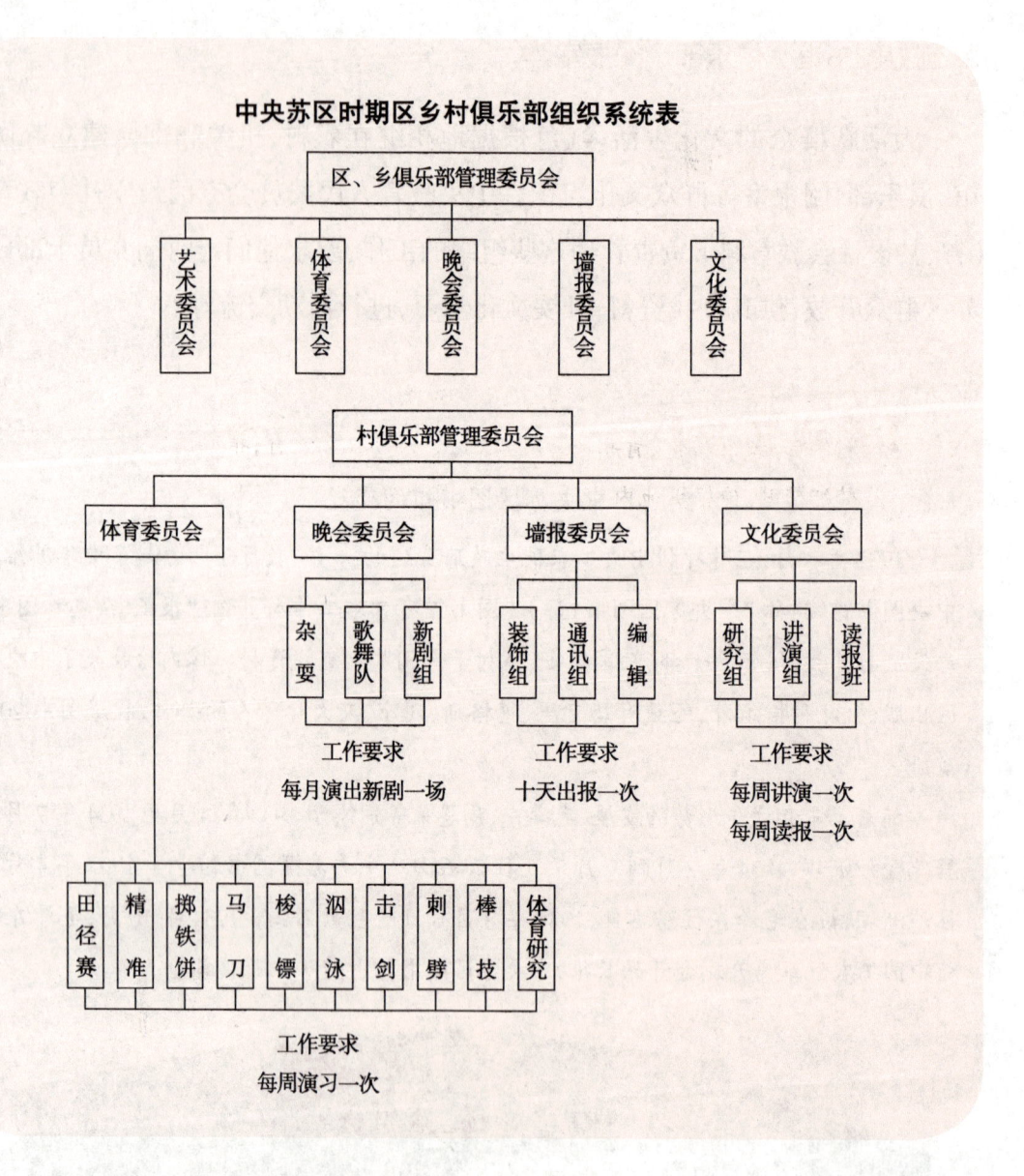

中央苏区时期区乡村俱乐部组织系统表

```
                    区、乡俱乐部管理委员会
        ┌──────┬──────┬──────┬──────┬──────┐
      艺术   体育    晚会    墙报    文化
      委员   委员    委员    委员    委员
       会    会      会      会      会

                    村俱乐部管理委员会
        ┌──────────┬──────────┬──────────┬──────────┐
     体育委员会   晚会委员会   墙报委员会   文化委员会
                ┌──┬──┬──┐  ┌──┬──┬──┐  ┌──┬──┬──┐
                杂 歌 新    装 通 编    研 讲 读
                耍 舞 剧    饰 讯 辑    究 演 报
                   队 组    组 组       组 组 班

                   工作要求    工作要求    工作要求
                   每月演出    十天出报    每周讲演一次
                   新剧一场    一次       每周读报一次

     ┌──┬──┬──┬──┬──┬──┬──┬──┬──┐
     田 精 掷 马 梭 泅 击 刺 棒 体
     径 准 铁 刀 镖 泳 剑 劈 技 育
     赛    饼                      研
                                   究

     工作要求
     每周演习一次
```

课后研学

1. 在创造新的工农大众文化的过程中,中国共产党是如何对待中华民族优秀传统文化的?

2. 在农村革命根据地建设过程中,中国共产党是如何推动马克思主义中国化、时代化和大众化的?

第13课

自由光明的新天地

在红色根据地,党领导军民开展了如火如荼的社会建设,相继成立了工会、农会、妇女协会、青年团等群众组织,兴办社会教育,推广医疗卫生事业,禁烟禁赌,使根据地内的社会面貌焕然一新。

★ 建立新型社会组织

■ 成立工会

工会是党领导下成立的城市工人与农村雇工群众的无产阶级组织,其通常按照行业属性划分,如制纸、制烟、制油等工会。一县之内,工会的最高组织为县总工会,下设区分会、产业分会等机构。在工会的领导下,工会负责教育和训练工人群众,树立和巩固工人阶级的领导地位。

《全闽西工人斗争纲领》

史料链接

　　苏区工人是组织了坚强的阶级工会。这种工会是苏维埃政权的柱石,是保护工人利益的堡垒,同时他又成为广大工人群众学习共产主义的学校。苏维埃对于工会,在法律上保障了他的权利,因此工会会员极大的发展起来。据中华全国总工会的统计,现在苏区工会会员数,仅以中央苏区及其附近几个苏区计算,共有二十二万九千人,其分布:中央苏区十一万人,湘赣二万三千人,湘鄂赣四万人,闽浙赣二万五千人,闽赣六千人,闽北五千人。根据中央苏区的材料,没有加入工会的工人仅只有三千六百七十六人,不足全体工人的百分之五,即是说百分之九十五的工人是加入工会了。

——毛泽东《在第二次全国苏维埃代表大会上的报告》

《中国店员手艺工人工会章程》

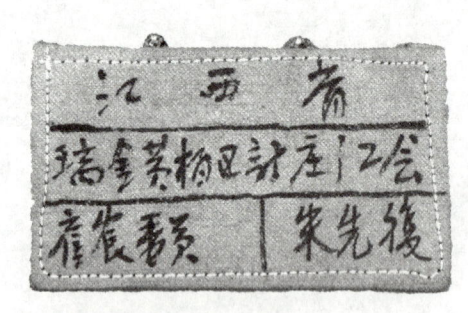

中央苏区时期江西省瑞金黄柏区新庄工会雇农委员朱先复的会员证

阅读拓展

胜利县铁矿厂提前两个月完成生产任务

　　1932年2月胜利县成立时,全县只有于都县移交的一个铁矿厂和一个兵工厂,工业基础薄弱。为了支援经济建设,夺取革命斗争的胜利,工人师傅们不怕条件落后,充分发挥劳动积极性,超额完成生产任务,为中央苏区的经济发展提供了有力的支援。

　　在胜利铁矿厂,采铁矿石的工人提出同运料工人开展劳动竞赛,条件是保证供应炼铁的铁矿石。运料工人立即响应,以运足炼铁所需要的原料和燃料作为应战条件。炼铁工人当然不肯落后，马上表示要向采石、运料工人学习，保证提高生铁产量百分之十。……掀起了一个全厂性的生产竞赛热潮。在这种形势下，采铁矿石的工人们干了8个小时还嫌干得少，又主动跑去加晚班；运料靠的是肩膀挑、大板车拉，但在气温高达40摄氏度时他们也不肯停歇；炼铁工人在酷暑下仍坚守在炼铁炉旁边，地上都被他们的汗水浸湿一片。……工人们在劳动竞赛中，硬是提前两个月完成了1933年的生铁生产任务。

■ 成立农民协会

农民协会也叫农会或者农协，是根据地内党领导下成立的以农民为主体的群众组织，共分为五级：全国农民协会、省农民协会、县农民协会、区农民协会、乡农民协会。农民协会内部根据工作需要设立秘书科、组织部、宣传部等。党通过农民协会将农民的力量组织起来，同农村封建主义势力做斗争。

名言警句

农民的主要攻击目标是土豪劣绅，不法地主，旁及各种宗法的思想和制度，城里的贪官污吏，乡村的恶劣习惯。

——毛泽东

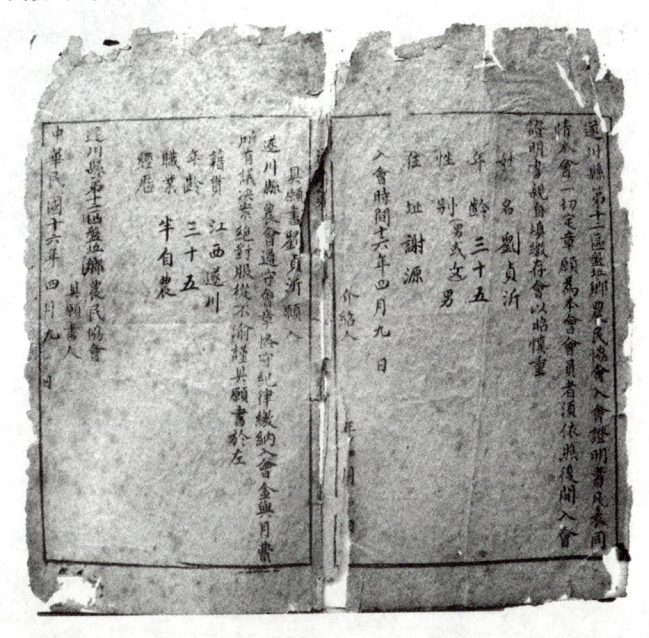

遂川县第十二区盘丘乡农民协会会员刘贞沂的入会证明书

第三单元　根据地建设

■ 成立妇女协会

妇女协会又叫妇女联合会或者妇女解放委员会,是根据地内成立的妇女组织。妇女协会带领根据地内的广大妇女,同封建宗法势力做斗争,谋求妇女解放,提倡男女平等,宣传婚姻自由等,是捍卫妇女权利的群众组织。

文史百科

放 足 歌

缠足实在真可怜,
受尽苦中苦,
身体不完全。
弱人种,
妨工作,
退化之根源。
愿我女同胞,
大家莫沉睡,
解放旧思想,
放足莫迟延,
眼见中华人人强健,
男女都平权。

提倡妇女平等的标语

第13课　自由光明的新天地

■ 成立青少年组织

　　青少年组织是将广大工农青少年团结在党的旗帜下的组织。在根据地内成立共产主义青年团、少年先锋队、共产主义儿童团等青少年组织，为革命培养了后备力量。

中国共产主义青年团（少共）中央局旧址

概念解析

　　中国共产主义青年团（少共）中央局又叫少共中央局，是中央苏区时期全国青少年组织的最高领导机关。1933年1月，设在上海的共青团中央机关迁入瑞金，与少共苏区中央局会合后，改称少共中央局（亦称共青团中央局），仍由顾作霖任书记，秘书长由胡耀邦担任。下设组织部、宣传部、儿童局、青妇部、少先队中央总队等机构。此后，在中央苏区成立少共中央分局。

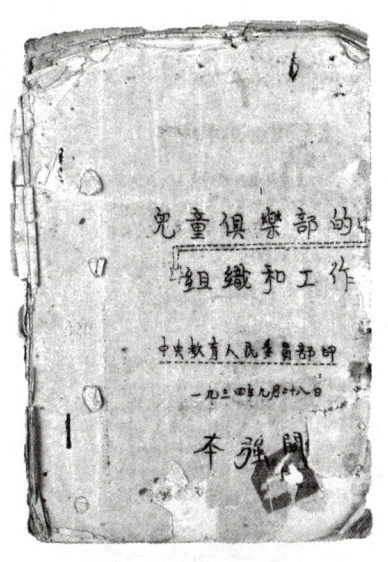

《儿童俱乐部的组织和工作》

147

★ 教育事业

■ 列宁小学

列宁小学是党在根据地内兴办的对适龄儿童进行普通初级教育的场所。列宁小学实行免费的义务教育,其宗旨是训练参加苏维埃革命斗争的新后代,并在苏维埃革命斗争中训练将来的共产主义建设者。列宁小学的修业年限为5年,分为前后两期:前期3年,后期2年。前3年设置的科目为国语、算术、游艺,后2年设置的科目为科学和政治。教员待遇较高,参照当地苏维埃工作人员的待遇。在红色根据地内,由于兴办了大量的列宁小学,才有了中国历史上第一次对学龄儿童普及性义务教育真正大规模的实施。

瑞金沙洲坝列宁小学旧址

史料链接

据1934年3月的不完全统计,全区有列宁小学3052所,在校学生89710人,其中兴国县学龄儿童入学率达60%。

——吴洪成《中国小学教育史》

苏区小学课本

第13课　自由光明的新天地

寻乌县石背乡列宁小学课程表

星期一	星期二	星期三	星期四	星期五	星期六	星期日
习字	国语	习字	国语	习字	国语	宣传
国语	革命名词	国语	共产主义	国语	学生训话	
算术	图画	算术	造句	算术	手工	
常识	国语	常识	国语	常识	国语	游戏
唱歌	体操	唱歌	体操	唱歌	体操	

注：资料来源于寻乌县革命历史纪念馆。

中华苏维埃共和国教育人民委员部旧址

文史百科

瞎子开目见光明

红军来了大翻身，
穷人当家做主人；
学习文化入夜校，
瞎子开目见光明。

■ 社会教育

党在红色根据地内兴办了大量的扫盲班、夜校、业余补习学校、识字班等社会教育机构,开展了根据地内群众的文化普及工作,以及大规模的免费识字教育活动。教员由群众中的识字者担任,教材由群众动手编写,教室就地取材。大规模免费社会教育的实施,既消灭了文盲,扫除了封建陋习,又提升了群众的政治觉悟。

《省县区市教育部及各级教育委员会的暂行组织纲要》

史料链接

苏维埃文化教育的总方针在什么地方呢?在于以共产主义的精神来教育广大的劳苦民众,在于使文化教育为革命战争与阶级斗争服务,在于使教育与劳动联系起来。

苏维埃文化建设的中心任务是什么?是厉行全部的义务教育,是发展广泛的社会教育,是努力扫除文盲,是创造大批领导斗争的高级干部。

——毛泽东《在第二次全国苏维埃代表大会上的报告》

1934年1月江西、福建、粤赣三省教育发展统计表

列宁小学	补习夜校	识字组（福建省未算）	俱乐部
3052 所	6462 所	32388 组	1656 个
89710 人	94516 人	155371 人	49618 人

注:资料来源于瑞金中央革命根据地纪念馆。

阅读拓展

苏区的教育成就

1934年11月,国民党军队占领宁都后,派人对全县进行社会调查。据年底完成的《宁都社会调查》记载:宁都成为苏区前,全县设有中学1所,小学15所,私塾亦复不少。但苏区建立后,到1933年8月止,全县除划设长胜、洛口两县地区外,83乡共设有列宁小学184所,夜校368所,俱乐部114个,识字班5861个。苏区教育发展的原因在于,苏区"对于教育,似更积极……遍设列宁小学及俱乐部,尤以消灭文盲运动更为积极,每家悬挂一识字牌,联合四五家派一识字者,担任教授,各通衢街口,亦悬有识字牌,其余如文化展览室、书报所、夜校、消灭文盲协会等,到处皆是"。作者对比苏区建立前后悬殊的教育状况后,得出感慨:虽然立场不同,但苏区对教育的"办理精神足资仿效"。

1933年赣、闽、粤三个地区文教事业发展统计

类别	所(个)数	人数(人)		备注
小学	3052所	学生	89710	福建一省未计在内,这是中央苏区一部分统计
补习夜校	6462所	学生	94517	
识字组	32888个	组员	155371	
俱乐部	1656个	工作人员	49668	

注:资料来源于《苏维埃中国》。

1933年江西兴国县扫盲群众运动统计

类别	个(人)数
乡识字运动总会	130个
村识字运动分会	561个
识字小组	3387个
识字小组组员	22519人

注:资料来源于《苏维埃中国》。

■ 干部和红军教育

党在红色根据地内创办了各种红军学校和干部学校,对红军和干部进行在职培养。中长期培训及高等教育学校包括中国工农红军学校、马克思共产主义大学、国立沈泽民苏维埃大学、工农红军郝西史大学等,短期培训包括苏维埃工作人员训练班、小学教员训练班、合作社及会计工作训练班、银行专修训练班等。

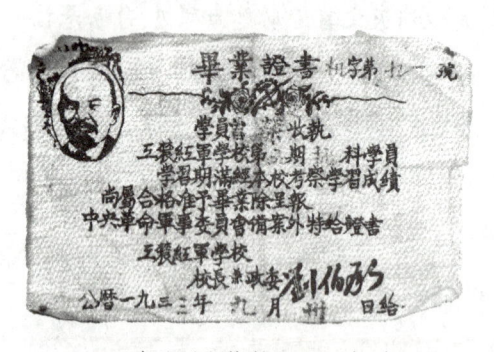

工农红军学校1933年发给曾荣的毕业证书

云石山马克思共产主义学校旧址

★ 医疗卫生事业

■ 红军医院

红军医院是党和红军在根据地内创办,主要医治红军伤病员的军队医疗机构。医生以军医为主,地方医生为辅。医疗器械和药品主要以缴获敌人的为主,有时通过秘密交通线从白区采购。红军医院虽然主要承担红军伤病员的医治任务,但是,对于群众看病,从不拒绝,而且免费。

瑞金叶坪洋溪中央红军医院旧址

文史百科

中央红色医院的变迁

中央红色医院是由傅连暲负责的福建长汀的福音医院改建而来。福音医院最早是一所教会医院,1926年改名为福音医院,由傅连暲负责。1931年福音医院成为中央苏区的红军医院。1932年毛泽东同志曾在福音医院养病。1933年福音医院迁往瑞金,改名为"中央红色医院",傅连暲任院长。

中央内务部颁布的相关卫生工作文件

■ 平民医院

平民医院是党在红色根据地内为了解决群众看病问题而设立的社会性医疗机构。党在各县、区、乡成立了工农医院、药业合作社、公共看病所、诊疗所等各种名称的平民医疗机构,向根据地群众免费开放。

东固药材铺

第三单元　根据地建设

> **文史百科**
>
> 卫生运动歌（有删减）
>
> 要同疾病做斗争，
> 大家就要讲卫生，
> 假使卫生唔讲究，
> 灵丹妙药也闲情。
> ……
> 公共卫生要做好，
> 扫除污秽莫留停，
> 吐痰便溺莫随便，
> 消灭蚊子并苍蝇。

★ 移风易俗

■ 破除迷信，禁烟禁赌

在红色根据地内，党领导群众开展了破除封建迷信、禁止种植和吸食鸦片、禁止赌博等运动，改变了根据地内的社会恶习。

关于禁止吸食鸦片的标语

第13课　自由光明的新天地

> **阅读拓展**

毛泽东领导群众破除迷信挖红井

瑞金沙洲坝是个缺水的小村庄,而当地农民又非常迷信,以为挖井会对当地的风水造成破坏,大伙都不敢挖井。因此,大家平时用水都要走上几千米,到小河里去挑水,非常辛苦。外村的人都说:"沙洲坝、沙洲坝,三天不下雨,无水洗手帕,旱死老鼠渴死蛙,有女莫嫁沙洲坝。"

1933年4月,临时中央政府从叶坪迁到沙洲坝后,毛泽东也住到了沙洲坝,他发现了这个问题,就召集全村的人一起想办法解决喝水难的问题。很多村民提出,不能在沙洲坝挖井,会破坏这里的风水,挖井会遭到报应。毛泽东听了以后,劝导大家说:"迷信不可信,我来带头挖井。"

毛泽东带领红军战士找到水源以后,带头挖井。群众看见毛泽东亲自动手挖井,都纷纷帮忙。挖到5米深的时候,泉水喷涌而出。大家赶紧用鹅卵石砌成了一口井。在毛泽东的引导下,沙洲坝其他地方的村民都一起来挖井,困扰大家多年的喝水难题终于解决了。

■ 倡导社会新风尚

党领导红色根据地内的人民群众通过戏剧表演、山歌传唱、标语口号等多种形式,倡导自由、平等、民主的社会新风尚,引领广大群众勇于同封建势力做斗争。

农民选举

> 📖 **史料链接**
>
> 中华苏维埃政权以保证彻底的实行妇女解放为目的,承认婚姻自由,实行各种保护妇女的办法,使妇女能够从事实上逐渐得到脱离家务束缚的物质基础,而参加全社会经济的政治的文化的生活。
>
> ——《中华苏维埃共和国宪法大纲》

■ 农村面貌焕然一新

在党的领导下,红色根据地内的移风易俗工作得以顺利推行,农村面貌焕然一新。广大群众从封建势力的压迫之中解放出来,积极投身于根据地的各项建设事业中。

> 📖 **史料链接**
>
> 第六,没有盗贼乞丐。上海这些资产阶级的狗巡捕林立,窃盗扒手、乞丐到处发现。苏维埃区域,没有一个窃盗乞丐,晚上睡着无从〔须〕关门,由西南到闽西,许多农民门上贴着"夜不闭户""道不拾遗""国无荒土,野无游民"的对联,这亦是确实一种事实。
>
> ——《中共赣西南特委刘士奇给中央的综合报告》

■ 课后研学

1. 中华苏维埃共和国临时中央政府成立以后,为什么党和政府能够领导中央苏区的群众实现社会风貌的转变,而国民党在赣南开展的新政却不能取得预期成效呢？

2. 为什么共产党能够具有如此强大的社会动员能力,将红色根据地内长期存在的黄、赌、毒等恶习禁绝？

第四单元　井冈山道路

　　井冈山道路是马克思主义与中国革命具体实际相结合的中国革命新道路，是马克思主义中国化的伟大开篇和经典之作，是中国革命取得胜利的必由之路。井冈山道路的探索留给我们最为宝贵的财富就是跨越时空的井冈山精神，它是中国共产党人革命精神的重要源头，是具有原创意义的民族精神。

第 14 课

敢于走前人没有走过的路

道路决定命运。中国革命的道路该怎么走,是决定能否将中国革命引向胜利的生死攸关问题。以毛泽东、朱德为代表的中国共产党人,在农村建立革命根据地,开辟了具有中国特色的革命道路——井冈山道路。井冈山道路是一条前人没有走过的路,是马克思主义基本原理同中国革命具体实际相结合的产物。

★ 马克思主义活的灵魂是具体问题具体分析

■ 中国革命需要以马克思列宁主义理论为指导

近代以来,中国人一直在寻找中华民族复兴的道路。在各种社会思潮和主义的影响下,农民起义、君主立宪制、资产阶级共和制、多党制、议会制、总统制等都在中国试过,但都行不通,都不能解决中国的前途和命运问题。十月革命爆发给中国送来了马克思列宁主义。马克思列宁主义是科学的理论,它创造性地揭示了人类社会的发展规律。中国共产党以马克思列宁主义为指导,用革命手段推翻了帝国主义、封建主义和官僚资本主义的反动统治,建立了中华人民共和国。

马克思

阅读拓展

真理的味道非常甜

1920年初春,上海《星期评论》委托陈望道进行《共产党宣言》的翻译工作。为了安心进行翻译工作,同时避开敌人的搜捕,陈望道返回老家浙江省义乌县分水塘村。他就在自家柴屋里,用一块铺板架在两条长板凳上,既当桌子又当床,在地上铺上几捆稻草做凳子,然后全身心地投入翻译工作。母亲给他送来了粽子,要他沾着红糖水吃,他却把墨汁当成了红糖水。母亲问他吃了没有时,他说吃了,甜极了。可是,母亲进屋收拾碗筷时,却发现红糖水一点也没动。原来陈望道工作太专心,一边翻译,一边把墨汁当成红糖水蘸着粽子吃了。真理的味道真是甜极了。4月下旬,陈望道完成了翻译工作,同年8月,汉语版《共产党宣言》出版发行。汉语版《共产党宣言》的问世,有力地促进了中国共产党的创建工作。

史料链接

在十月革命的火光里,诞生了劳农群众的国家和政府!这是全世界劳农群众的祖国,先驱,大本营。

十月革命喊出来的口号是:"颠覆世界的资本主义!颠覆世界的帝国主义!"用这种口号唤起全世界的无产阶级,唤起他们在世界革命的阵线上联合起来。

——李大钊《十月革命与中国人民》

名言警句

十月革命一声炮响,给我们送来了马克思列宁主义。十月革命帮助了全世界的也帮助了中国的先进分子,用无产阶级的宇宙观作为观察国家命运的工具,重新考虑自己的问题。走俄国人的路——这就是结论。

——毛泽东

第四单元 井冈山道路

■ 马克思主义必须同中国革命具体实际相结合

马克思主义为人类指明了实现自由和解放的道路，指引着人类改造世界的行动。马克思主义不是必须背得烂熟并机械地加以重复的教条，而是行动指南。马克思主义的伟大力量，就在于它是同各个国家具体的革命实践相联系的。我们不但要学习马克思主义的一般原理，而且要学习他们观察问题和解决问题的立场和方法，并运用它来指导中国革命。离开中国革命的具体实际来谈马克思主义，只能陷入抽象化、空洞化和教条化。

马克思画像

名言警句

马克思列宁主义的普遍真理一经和中国革命的具体实践相结合，就使中国革命的面目为之一新。

——毛泽东

暴动前夕

我们不把马克思主义当作教条，而是把马克思主义同中国的具体实践相结合，提出自己的方针，所以才能取得胜利。过去我们以农村包围城市，取得了革命的胜利，这一点在马克思列宁主义书本里是没有的。现在我们还是坚持马克思列宁主义、毛泽东思想。这里有继承的部分，有发展的部分。我们建设社会主义，准确地说是建设有中国特色的社会主义，这样才是真正地坚持了马克思主义。

——邓小平

★ 中国革命的具体实际

■ 帝国主义在中国划分势力范围，军阀连年混战

1840年鸦片战争后，由于西方列强的入侵和清政府统治的腐败，中国陷入了半殖民地半封建社会的黑暗深渊。帝国主义列强在中国竞相划分势力范围，扶植代理人。中国因此丧权辱国，社会动荡，山河破碎，民生凋敝。中国统治阶级内部的各派新旧军阀连年混战，导致国家生灵涂炭。

民国时期的讽刺漫画

史料链接

中国内部各派军阀的矛盾和斗争，反映着帝国主义各国的矛盾和斗争。故只要各国帝国主义分裂中国的状况存在，各派军阀就无论如何不能妥协，所有妥协都是暂时的。今天的暂时的妥协，即酝酿着明天的更大的战争。

——毛泽东《中国的红色政权为什么能够存在？》

■ 农民占中国人口的绝大多数，是民主革命的主力军

中国是一个古老的东方大国，农民占人口的绝大多数，落后分散的小农经济、小生产及其社会影响根深蒂固，经济文化十分落后。帝国主义、封建主义和官僚资本主义对中国农民的压迫世所罕见，农民是中国民主革命的主力军。

第四单元　井冈山道路

■ 革命形势总体上敌强我弱

中国地域辽阔、经济社会发展极不平衡。城市相对发达,是反动统治的堡垒;农村则相对落后,是反动统治薄弱的地区。敌强我弱的革命形势决定了中国革命的长期性和艰巨性。

史料链接

由于现阶段的中国是在强大而又内部互相矛盾的几个帝国主义国家和中国封建势力统治之下的半殖民地半封建的大国,其经济和政治的发展具有极大的不平衡性和不统一性,这就规定了中国新民主主义革命的发展之极大的不平衡性,使革命在全国的胜利不能不经历长期的曲折的斗争。

——《关于若干历史问题的决议》

中国红色政权首先发生和能够长期地存在的地方,不是那种并未经过民主革命影响的地方,例如四川、贵州、云南及北方各省,而是在一九二六和一九二七两年资产阶级民主革命过程中工农兵士群众曾经大大地起来过的地方,例如湖南、广东、湖北、江西等省。这些省份的许多地方,曾经有过很广大的工会和农民协会的组织,有过工农阶级对地主豪绅阶级和资产阶级的许多经济的政治的斗争。所以广州产生过三天的城市民众政权,而海陆丰、湘东、湘南、湘赣边界、湖北的黄安等地都有过农民的割据。

——毛泽东《中国的红色政权为什么能够存在?》

1927年秋收起义中的湖南平江县和浏阳县农民赤卫队

★ 中国革命只能走自己的路

■ 中国革命必须从中国的实际出发

大革命失败后,中国共产党人曾简单地套用马克思列宁主义关于无产阶级革命的一般原理,照搬俄国以城市为中心的革命方式,先后发动了数百次武装起义。然而,这种以城市为中心的武装起义,都遭受了严重挫折。这些挫折和教训使中国共产党人深刻地认识到:不能以教条主义的态度对待马克思列宁主义,中国革命必须从中国的实际出发,走自己的路。

> **名言警句**
>
> 只有认清中国社会的性质,才能认清中国革命的对象、中国革命的任务、中国革命的动力、中国革命的性质、中国革命的前途和转变。所以,认清中国社会的性质,就是说,认清中国的国情,乃是认清一切革命问题的基本的根据。
>
> ——毛泽东

阅读拓展

向井冈山进军——历史的选择

1927年8月至12月底,中国共产党在全国领导了几十次武装起义,其中最著名的是南昌起义、秋收起义和广州起义。这三大起义都是以攻打和夺取大城市为目标。之所以会做出这样的决策,一是当时可供借鉴的历史经验只有城市武装暴动,如法国的巴黎公社、俄国的十月革命、中国的辛亥革命和北伐战争,它们都是以城市为目标。二是当时党的工作中心是在城市成立工会,开展工人运动,因此对工人运动比较熟悉,对农村和农民了解较少。但是,残酷的现实表明,以城市为中心的道路走不通,即使一时夺取了城市,也难以坚守。南昌起义坚持了3天,起义军即分批撤出南昌,南下广东。广州起义在12月11日凌晨爆发,13日凌晨起义军撤出广州。秋收起义受挫后,毛泽东在湖南文家市果断改变了原定攻打大城市长沙的计划,率领工农革命军到敌人统治力量薄弱的农村去坚持斗争,才走出一条中国革命胜利的道路。

第四单元　井冈山道路

■ **中国革命必须在农村建立革命根据地**

在中国这种特殊的社会历史条件下，选择一条什么样的道路才能把中国革命引向胜利，这是马克思列宁主义发展史上前所未有的难题。以毛泽东为主要代表的中国共产党人，把马克思列宁主义的基本原理同中国革命具体实际相结合，深刻地分析了中国国情，采取了与十月革命不同的方式，创造性地提出了农村包围城市的战略，走出了一条在敌人统治力量相对薄弱的农村建立革命根据地，积蓄和发展革命力量，经过长期斗争，最后夺取全国胜利的道路。

向井冈山进军

史料链接

1927年7月4日，中共中央在汉口召开常委扩大会议，讨论农民武装如何发展与保存的问题。毛泽东在会上提出"上山"的主张，指出："上山可造成军事势力的基础"，"不保存武力，将来一到事变，我们即无办法"。

——中国人民解放军军事科学院毛泽东军事思想研究所年谱组《毛泽东军事年谱》

名言警句

中国革命为什么能取得胜利？就是以毛泽东同志为首的中国共产党人，独立思考，把马列主义的普遍原理同中国的具体情况相结合，找到了适合中国情况的革命道路、形式和方法。十月革命的胜利也是列宁把马克思主义的原理同俄国革命的实践相结合的结果。

——邓小平

■ **课后研学**

1. 为什么说马克思主义的基本原理要同中国革命的具体实际相结合？

2. 邓小平指出："中国革命的成功，是毛泽东同志把马克思列宁主义同中国的实际相结合，走自己的路。现在中国搞建设，也要把马克思列宁主义同中国的实际相结合，走自己的路。"请你谈谈对这段话的理解。

第15课

马克思主义中国化的经典之作

井冈山道路是以毛泽东为主要代表的中国共产党人把马克思主义与中国革命具体实际相结合,独立自主走出的一条"农村包围城市,武装夺取政权,最后夺取全国胜利"的革命道路。它是马克思主义中国化的伟大开篇和经典之作,是将中国革命引向成功的胜利之路。

★ 井冈山道路是中国革命的新道路

井冈山道路是一条不同于俄国十月革命城市武装起义模式的新道路,是中国共产党人创造性地运用马克思主义关于无产阶级革命的基本理论,即实行暴力革命,武装夺取政权的革命原则,从中国国情出发,开辟出的一条"以农村为中心"的具有中国特色的革命新道路。

■ 十月革命是"以城市为中心"的道路

俄国十月革命是俄国工人阶级在布尔什维克党领导下联合贫农所完成的伟大的社会主义革命,是一条依靠工人阶级、武装工人阶级,在中心城市发动武装起义夺取政权的道路。这条道路的特点:革命的主力军是工人阶级,武装斗争的主要形式是武装起义,革命的重心在城市。

第 15 课　马克思主义中国化的经典之作

列宁广场

史料链接

一九一七年俄罗斯的革命，不独是俄罗斯人心变动的显兆，实是二十世纪全世界人类普遍心理变动的显兆。俄国的革命，不过是使天下惊秋的一片桐叶罢了。Bolshevism 这个字，虽为俄人所创造，但是他的精神，可是二十世纪全世界人类人人心中共同觉悟的精神。所以 Bolshevism 的胜利，就是二十世纪世界人类人人心中共同觉悟的新精神的胜利！

——李大钊《Bolshevism 的胜利》

■ 中国革命是"以农村为中心"的道路

血的教训使中国共产党人认识到，要使中国革命胜利，就必须寻找新的道路。这条道路就是在中国共产党的领导下，以工农联盟为基础、以农民阶级为主力军、以人民战争为主要斗争形式、以农村根据地为根本依托，由农村包围城市、武装夺取政权的道路。这条革命新道路的特点：革命的主力军是农民阶级，人民战争是武装斗争的主要形式，革命的重心在农村革命根据地。

史料链接

单纯的流动游击政策，不能完成促进全国革命高潮的任务，而朱德毛泽东式、方志敏式之有根据地的，有计划地建设政权的，深入土地革命的，扩大人民武装的路线是经由乡赤卫队、区赤卫大队、县赤卫总队、地方红军直至正规红军这样一套办法的，政权发展是波浪式地向前扩大的，等等的政策，无疑义地是正确的。

——毛泽东《星星之火，可以燎原》

秋收起义文家市会师

文史百科

建立红色根据地

（女）叫一声（哇）同志哥呀你来（呀）听我说，湘赣那个边界几时唱起暴动（那个）歌哟，（合）红旗飘飘兵马来，斧头镰刀斩恶魔，劳苦工农闹暴动，铁拳砸枷锁。

（男）叫一声（哇）同志妹呀你来（呀）听我说，湘赣那个边界秋收唱起暴动（那个）歌哟，（合）红旗飘飘兵马来，斧头镰刀斩恶魔，劳苦工农闹暴动，铁拳砸枷锁。

（女）叫一声（哇）同志哥呀你来（呀）听我说，井冈那个山上几时点起革命（那个）火哟，（合）建立红色根据地，汇集红军同志哥，红旗飘飘出井冈，红旗插全国。

（男）叫一声（哇）同志妹呀你来（呀）听我说，井冈那个山上秋收点起革命（那个）火哟，（合）建立红色根据地，汇集红军同志哥，红旗飘飘出井冈，红旗插全国。

★ 井冈山道路的主要内容

■ 以武装斗争为主要形式，以土地革命为中心内容，以农村根据地为根本依托

井冈山道路的主要内容是以武装斗争为主要形式，以土地革命为中心内容，以农村根据地为根本依托。三者相互依存、缺一不可。不坚持武装斗争，就无法开展土地革命，更无法为根据地建设提供保障；不深入土地革命，就无法吸引农民参加革命，革命就会成为无源之水、无本之木；不建立巩固的根据地，革命就没有可靠的依托，难以持续。因此，武装斗争、土地革命、根据地建设三位一体，相互支撑，成为井冈山道路的主要内容。

根据地武装斗争

名言警句

南昌起义和井冈山革命根据地的建立，在我们党和人民军队发展史上具有极为重要的地位和极其深远的意义。南昌起义和井冈山革命根据地的建立，是我们党把马克思主义基本原理同中国革命具体实践相结合、创立中国化的马克思主义的伟大开篇，是中国共产党发展马克思主义军事学说、创建党的军事指导理论、缔造一支新型人民军队的光辉起点。

——胡锦涛

■ 毛泽东"农村包围城市，武装夺取政权"思想

"农村包围城市，武装夺取政权"思想是对工农武装割据思想的进一步完善，是对中国革命走何种道路的科学回答。"农村包围城市，武装夺取政权"思想明确提出中国革命要以占领广大农村为中心目标，积蓄力量，再夺取中心城市，最终取得革命胜利。"农村包围城市，武装夺取政权"思想是中国共产党领导根据地斗争和建设的经验总结。

史料链接

中国革命就没有按照俄国十月革命的模式去进行，而是从中国的实际情况出发，农村包围城市，武装夺取政权。

——邓小平《处理兄弟党关系的一条重要原则》

阅读拓展

红军九打吉安城，实现了农村包围城市

从1929年10月到1930年8月，红军八次攻打吉安。由于敌强我弱，每次都未能将吉安城攻下。1930年10月，红军做好了充分的准备，调集了充足的兵力、齐备的武器，准备对吉安城发起第九次进攻。10月3日，红军分几路对吉安城发起猛烈的进攻。由于准备充分、指挥有方，再加上群众的鼎力支持，红军一路势如破竹。10月4日，早已吓破胆的国民党军仓皇出逃。当晚，红军乘势占领了吉安城。经过一年多的努力，红军九打吉安城，终于取得了胜利。10月7日，江西省苏维埃政府宣告成立。红军占领吉安城，从实践上证明了毛泽东提出的"农村包围城市，武装夺取政权"思想的科学性与合理性。

《十万工农下吉安》群雕之一

★ 井冈山道路是马克思主义中国化的伟大开篇

■ 井冈山道路是马克思主义中国化的实践成果

井冈山道路是中国共产党人在以城市为中心的暴动失败后，转向敌人统治力量薄弱的农村山区，将马克思主义与中国革命具体实践相结合，在开展土地革命和武装斗争以及巩固和扩大根据地建设的过程中，最终闯出的一条"以农村为中心"的中国革命新道路。它是中国农村革命斗争实践经验的理论总结，是马克思主义中国化的实践成果。

> **名言警句**
>
> 井冈山道路是马克思主义中国化的经典之作，从这里革命才走向成功。行程万里，不忘初心。
>
> ——习近平

史料链接

> 第三，特别有井冈山的革命旗帜作榜样和毛泽东同志所领导的秋收起义的指引——这不是偶然的，是在北伐战争失败后在毛泽东同志领导下，井冈山起了收容阵地和继续指导全国武装斗争的作用；总结了秋收起义、南昌起义、广州起义等运动的丰富经验，而成为指导全国革命斗争的旗帜，是湘、鄂、赣边区和其他革命根据地的指路明灯。只有在它的指导下，我们才有胜利的前途。
>
> ——彭德怀《往事回忆》

■ 井冈山道路是马克思主义中国化的理论成果

在井冈山道路的开辟过程中，以毛泽东为主要代表的中国共产党人以马克思主义为指导，深刻把握中国革命的特点，积极探索中国化的马克思主义理论，撰写了《井冈山的斗争》《中国的红色政权为什么能够存在？》《反对本本主义》《星星之火，可以燎原》等著作，最终形成了马克思主义中国化的经典之作——井冈山道路。

史料链接

在井冈山初期,我们非但对建立红色政权没有经验,对武装斗争、土地革命也缺乏经验。但是由于毛泽东同志善于把马列主义普遍真理与具体革命实践相结合,善于从斗争实践中不断总结经验,上升为正确的理论。因而在毛泽东同志领导下,我们各方面的工作总是从胜利走向胜利。

——谭震林《回顾井冈山斗争历史》

课后研学

1. 请你谈谈井冈山道路与当今中国特色社会主义道路有什么关系。
2. 请你谈谈对"中国革命的胜利要靠中国同志了解中国情况"的认识。

第16课

跨越时空的井冈山精神

井冈山是中国革命的摇篮。井冈山斗争的伟大实践,对中国革命道路的探索和抉择、对中国共产党和人民军队的成长具有关键意义。井冈山时期留给我们最为宝贵的财富,就是跨越时空的井冈山精神。我们要结合新的时代条件,让井冈山精神放射出新的时代光芒。

★ 血与火的斗争熔铸了井冈山精神

■ 井冈山精神植根于井冈山斗争的伟大实践

在井冈山斗争时期,以毛泽东、朱德为代表的中国共产党人,坚持马克思主义基本原理,立足中国革命实际,锐意探索,勇于创新,不畏强敌,不怕牺牲,百折不挠,依靠群众战胜了无数难以想象的艰难困苦,在艰苦卓绝的斗争中开辟了一条中国特色的革命道路,铸就了马克思主义中国化的思想丰碑,孕育了跨越时空的井冈山精神。

第四单元　井冈山道路

史料链接

我们是一支工农群众的武装，要为工农群众打仗。北伐军打到南京，蒋介石背叛了革命，正在大肆屠杀工农群众。我们为了反抗敌人的血腥屠杀，继续完成革命事业，必须坚决斗争到底，舍此再也没有第二条活路。要和反动派作斗争，就一定要有枪杆子，过去我们的失败就是吃了没有抓住枪杆子的亏，因此，一定要有革命的武装。这就要求我们队伍里的每一个同志都要有远大的理想和不怕牺牲的精神。

毛泽东同志满怀信心地指出，这次秋收暴动，虽然打了几个小小的败仗，受了点挫折，这算不了什么！常言道：胜败是兵家常事。我们的斗争才刚刚开始，有湘、鄂、赣、粤四省已经起来的千千万万的工人和农民群众的支持，我们的力量是伟大的。反动派并不可怕，只要大家团结得紧，继续勇敢战斗，终能用小石头打烂蒋介石的大水缸，胜利一定属于我们的。"失败是成功之母。"有些经不起考验的人，从革命队伍中逃跑了，这算不了什么。革命队伍中少了这些三心二意的人，只会更加巩固。俗话说得好，"万事开头难"，要革命嘛，就不要怕困难。

——中国人民政治协商会议全国委员会文史和学习委员会《文史资料选辑》

文史百科

井冈山上的无字碑

在井冈山革命烈士纪念堂大厅安放着一块汉白玉材质的无字碑。这块无字碑是由参加过井冈山斗争的老红军、中华人民共和国成立后曾经担任过空军副司令员的谭家述同志于1987年赠给井冈山的。当时，谭家述同志为了纪念在井冈山斗争中牺牲的战友，特意拿出自己的积蓄，购买了一块北京房山特产汉白玉，制作成无字碑送上井冈山。他说，在井冈山，有许许多多的革命烈士至今连名字都没有留下。用无字碑，可以将井冈山英烈的事迹记录下来。现在，安放于此的无字碑，向后人述说着井冈山革命先烈的英勇事迹与斗争精神。

井冈山革命烈士纪念堂中的无字碑

问题思考

　　井冈山革命根据地"六县一山"重要组成部分的遂川县，至今还传颂着一群普通民众"六命护一印"的英雄壮举。

　　1930年底，陈毅率领红二十二军离开遂川后，国民党派一个营的兵力攻下了遂川县城。遂川县国民党武装靖卫团的萧家璧、罗普权等接管遂川县城，并对革命群众进行了疯狂的报复，通缉遂川县共产党和苏维埃政府的领导人，收缴苏维埃政府公文和印章，并把毁掉印章看作摧毁苏维埃的标志。整个遂川笼罩在白色恐怖中。

　　为了寻找这枚印章，以萧家璧为首的全安乡地主豪绅将来不及转移的乡苏维埃主席李邦万夫妇用绳子吊在大树上严刑拷打，逼他们说出苏维埃政府人员的名册和印章藏处，但李邦万夫妇直到牺牲也未透漏一个字。反动民团又抓捕了年轻的赤卫队员李耀琦，他们用尽了各种酷刑，但李耀琦始终守口如瓶。他们把李耀琦丢进石灰桶，关进水牢。这位年轻的贫苦农民全身皮肉脱落，只剩下一堆骨架，敌人还是没有得到他们想要的东西。乡赤卫队队长曾宝华一家趁夜回村打探消息，不幸落入敌手。反动民团用木棍猛烈击打曾宝华的身体，他一次次晕死过去，又一次次被冷水泼醒。无计可施的刽子手抽出大刀劈向曾宝华的胸膛，又用锄头打死了他年仅13岁的儿子曾长生，用刺刀挑死了他的妻子郭桂英。

　　生活在社会最底层的劳苦大众，为了保护一枚小小的印章，无论敌人怎样疯狂威逼、残杀，他们用生命表达了坚持斗争的决心，坚信穷人掌握大印的日子一定会来到。这枚象征革命政权的红色大印始终完好地保存在人民手中，一直到中华人民共和国成立。

想一想：
劳苦群众为什么宁愿牺牲生命也要保护这枚印章？

■ 井冈山精神最重要的方面

　　井冈山精神是在井冈山血与火的斗争中熔铸的革命精神。它内涵丰富，博大精深，源远流长。2001年江泽民对井冈山精神最重要的方面做了高度概括。2016年习近平重上井冈山时，再次强调了井冈山精神最重要的方面。这就是：坚定信念、艰苦奋斗，实事求是、敢闯新路，依靠群众、勇于胜利。

第四单元 井冈山道路

名言警句

日子好过了,艰苦奋斗的精神不要丢了,井冈山的革命精神不要丢了。

——毛泽东

井冈山精神是宝贵的,应当发扬。

——邓小平

中国革命的胜利离不开井冈山精神,实行改革开放、建设有中国特色社会主义,同样需要发扬井冈山精神。

——江泽民

我们党在艰苦卓绝的井冈山斗争中铸就了井冈山精神。这是我们的宝贵精神财富。夺取中国革命胜利离不开井冈山精神,建设和发展中国特色社会主义同样需要井冈山精神。

——胡锦涛

井冈山时期留给我们最为宝贵的财富,就是跨越时空的井冈山精神。今天,我们要结合新的时代条件,坚持坚定执着追理想、实事求是闯新路、艰苦奋斗攻难关、依靠群众求胜利,让井冈山精神放射出新的时代光芒。

——习近平

阅读拓展

毛泽东畅谈井冈山革命精神

1965年5月22日,毛泽东重上井冈山抵达茨坪。当年的茨坪不过是一个只有十几户人家的小山村,而1965年的茨坪俨然成了一座美丽的山中小城。在井冈山驻留期间,毛泽东的心情非常好,经常和人谈起井冈山斗争时期的人和事。

据当年陪同毛泽东的王卓超、汪东兴等人的回忆:"那天下午,主席像老师考学生一样问我们井冈山精神是什么?我们回答说艰苦奋斗。他笑了,叫我们再想想,说艰苦奋斗只是一个方向,只是一点,还差两点,要从制度方向想。汪东兴加了一条支部建在连上。主席点点头,继续说:'在井冈山时,我们摸索了一套好制度、好作风,现在比较提倡的是艰苦奋斗,得到重视的是支部建在连上,忽视的是士兵委员会。……井冈山精神不仅仅是艰苦奋斗,士兵委员会和支部建在连上意义一样深远。它们都是井冈山革命精神。'"

一次晚饭后,毛泽东深情地说道:"我离开井冈山已经38年了,这次旧地重游,心情特别激动,为了创建这块革命根据地,不少革命先烈牺牲了自己的生命。我早就想回井冈山看一看,没想到一别就是38年。"他还说:"今天井冈山各方面比起38年前大不相同了,上山坐汽车,住楼房,吃饭四菜一汤,穿的是干净整齐的衣服,真是神气多了。我相信,井冈山将来还会变得更好,更神气。但我劝大家,日子好过了,艰苦奋斗的精神不要丢了,井冈山的革命精神不要丢了。"

毛泽东为期一周的井冈山之行结束了。但他的音容笑貌、他对井冈山山山水水的眷恋、他对井冈山人民的深情厚谊,深深地留在井冈山人民和全国人民的心中。毛泽东对井冈山精神的深情回顾在井冈山群峰间和华夏大地久久回荡。

★ 井冈山精神是党和国家的宝贵财富

■ 井冈山精神是中国共产党革命精神的重要源头

井冈山革命根据地的建立和井冈山革命道路的开辟,标志着中国革命走上了崭新的道路。开辟这条道路所形成的井冈山精神,具有开创性和奠基性,是中国共产党革命精神的重要源头。中国革命沿着井冈山这条道路走向胜利的过程中所形成的各种革命精神,如苏区精神、长征精神、延安精神、西柏坡精神,与井冈山精神一脉相承,是井冈山精神在不同时期的延伸和发展。

■ 井冈山精神是具有原创意义的民族精神

中国共产党人是中华民族的优秀儿女,在中华文明的哺育下成长,血液中有着中华民族优秀传统文化基因。在井冈山斗争时期,这些优秀儿女在马克思主义理论的指导下,从中华民族的优秀传统文化中汲取养料,并赋予其新的时代内涵,升华了优秀传统文化的境界。井冈山精神,是中华民族几千年来的优秀传统和人文精神的积淀,是具有原创意义的民族精神。

第四单元　井冈山道路

井冈山雕塑

■ **井冈山精神是跨越时空的革命精神**

井冈山精神集中体现了中国共产党的性质和宗旨，凝聚了中国共产党人的优良传统和作风，对中国革命历史进程产生了广泛而深远的影响。井冈山精神内含的理想信念、道德情操、意志品格、行为风范等，具有跨越时空的强大感染力和震撼力。中国革命的胜利离不开井冈山精神，中华民族的伟大复兴同样也离不开井冈山精神。

井冈山革命烈士纪念堂

★ **在新的时代条件下弘扬井冈山精神**

习近平指出，行程万里，不忘初心。我们要结合新的时代条件，让井冈山精神放射出新的时代光芒。这其中，最重要的是坚定执着追理想、实事求是闯新路、艰苦奋斗攻难关、依靠群众求胜利。

第 16 课　跨越时空的井冈山精神

■ 坚定执着追理想

　　对马克思主义的坚定信仰，对社会主义和共产主义的坚定信念，是井冈山精神的灵魂。同战争年代相比，和平年代对理想信念的考验和检验虽然内容和方式有别，但标准和要求无异。我们要把理想信念作为照亮前路的灯、把准航向的舵，肩负起时代赋予的重任，用青春铺路，让理想延伸。

井冈山革命烈士陵园

▌阅读拓展▐

井冈山上的大学生

　　在井冈山，有一群大学生，他们没有留在城市，他们从不计较个人的名誉、地位和待遇，始终把革命利益放在第一位。他们是那个时代的知识精英，满怀抱负和理想，来到井冈山，用行动证明了自己对真理的追求和对信念的坚持。据现有资料统计，参加过井冈山斗争的知识分子有218人，其中参加过井冈山斗争的大学生就有16人，他们是：北京中法大学的陈毅，山东青岛大学及武昌中山大学的罗荣桓，北京大学的李却非、伍中豪、邝鄘、谭衷、刘霞，北京师范大学的邓贞谦，北京私立国民大学的朱亦岳，上海大学的何挺颖，上海复旦大学的游雪程，南京南方大学及上海法政大学的谭梓生，重庆中法大学的徐彦刚，湖南益阳信义大学的曾士峨，上海持志大学的王良，湖南南华大学的周鲂。

　　在这支队伍中，还有相当数量的黄埔军校学生。他们是卢德铭、张子清、伍中豪、陈毅安、张宗逊、谭希林、陈龙鹤(朝鲜人)、曾士峨、游雪程、刘型、王良、陈伯钧、吕赤、王尔琢、王展程、朱云卿、杨至成、刘之至、唐天际、戴诚本、肖劲、朱舍我、段辉唐、陈东日、邝鄘、李天柱、陈俊、曹福昌、刘铁超、资秉谦、邓萍、贺国中等人。作为军事俊才、革命中坚，他们本来可以投奔国民党，享受着高官厚禄，过上舒适安逸的生活，但是，他们却来到了湘赣边界，甘愿风餐露宿，粗茶淡饭，出生入死，不为别的，只为了心中的那个信念。

179

■ 实事求是闯新路

实事求是、敢闯新路,是井冈山精神的核心。革命如此,建设和改革也是如此,都必须从实际出发,敢于开辟前人没有走过的路,坚持走自己的路。我们自己的路,就是中国特色社会主义道路。我们要坚定不移地走中国特色社会主义道路,坚持道路自信、理论自信、制度自信、文化自信。

毛泽东在井冈山

史料链接

毛主席强调宣传队要做调查研究(对整个红军也是这样强调的)。毛主席对工商业怎样、地主怎样、工人怎样,都要调查清楚。还要求我们了解资本家是怎样剥削工人和农民的,地主是怎样剥削农民的,工人、农民又是怎样被剥削的,以及每个村庄里的阶级成分,每个人的政治态度,也都要调查清楚。……我们在一个地方做了调查以后,都要上报。经过调查,我们处理各种问题,解决各种问题时,就能分清敌友,团结多数。

——谭冠三《回忆毛主席在井冈山的伟大革命实践》

毛主席在行军路上很注意调查研究。收集沿途情况,这是毛主席亲自布置我做的第一件事。他给我拟了一个调查表,内容是每天行军的沿途情况:经过了什么地方;行军的里数;道路的情况,是大路、小路,还是石板路;山林、树木、河流、桥梁的情况;沿途两边土地的情况,面积多大,地里种什么,是水田还是旱田;村庄的情况,有多少人口,房子是土房还是瓦房,有没有碉堡,村庄位置朝向,是靠山面水还是在平原,村庄与村庄间的距离等,还有沿途所见的其他动态。

——曾志《回忆在井冈山的战斗生活》

第 16 课　跨越时空的井冈山精神

名言警句

> 这种态度,就是实事求是的态度。"实事"就是客观存在着的一切事物,"是"就是客观事物的内部联系,即规律性,"求"就是我们去研究。我们要从国内外、省内外、县内外、区内外的实际情况出发,从其中引出其固有的而不是臆造的规律性,即找出周围事变的内部联系,作为我们行动的向导。而要这样做,就须不凭主观想象,不凭一时的热情,不凭死的书本,而凭客观存在的事实,详细地占有材料,在马克思列宁主义一般原理的指导下,从这些材料中引出正确的结论。
>
> ——毛泽东

毛泽东住过的八角楼

■ 艰苦奋斗攻难关

艰苦奋斗是井冈山精神的基石,也是中国共产党的政治本色和优良传统。改革开放以来,我们国家的面貌和人民的生活发生了翻天覆地的变化,但艰苦奋斗的精神永远不能丢。前进的道路从来不是一帆风顺的,任何奋斗目标都不会轻轻松松实现。人间万事出艰辛,我们要永葆艰苦奋斗的本色。

第四单元 井冈山道路

📖 史料链接

在冬天我们没有被子盖，有时能搞到一条由两层布做成的"夹被"算是不错了，即使这样的夹被，我在开始还没有，后来在打土豪时缴到了一些，经过党代表分配给我一条。冬天我们两个人合在一起睡，上面盖一条，下面垫一条，夹被里面塞进干稻草，有时实在太冷了，我们就起来烤火。

——刘显宜《井冈山时期的士兵委员会》

《艰苦奋斗》雕塑

■ 依靠群众求胜利

紧密团结群众，依靠群众，是井冈山革命根据地创建和发展的重要法宝。中国共产党区别于其他政党的显著标志是密切联系群众。群众路线在革命战争年代是胜利之本，在和平年代同样是胜利之本。我们要增强宗旨意识，将全国人民的智慧和力量汇集起不可战胜的磅礴之力。

名言警句

虽然我们今天不再像井冈山斗争时那样每天吃红米饭、南瓜汤了，但光荣的井冈山革命传统一天也不能忘掉。

——江泽民

阅读拓展

永新农民贺页朵的入党誓词

贺页朵(1886—1970),别名宪章,永新县才丰乡龙安桥北田村人。贺页朵因家贫,读书识字不多,早年主要靠做短工为生。井冈山斗争时期,他积极投身革命斗争,曾经担任北田村农民协会副主席。他充分发挥自身优势,以榨油为职业,将榨油作坊发展为地下交通站,为红军搜集情报,筹备物资,曾经参加过"三打永新"的战斗。

在长期的革命斗争中,贺页朵同志积极向党组织靠拢,1931年1月25日,由东南特区贺雪龙同志介绍,加入中国共产党。为了表示入党的决心,他在一块布上亲笔写下了24个字的入党誓词:"牺牲个人,言首秘蜜〔严守秘密〕,阶级斗争,努力革命,伏〔服〕从党其〔纪〕,永不叛党。"虽然他的文化程度不高,24个字当中有5个别字,但是这24个字充分表明了一个积极要求进步的农民对于党组织的景仰与追求。

贺页朵的入党誓词

谢觉哉同志看到贺页朵同志的入党誓词后,大为感动,曾撰写了《一个农民的入党宣誓书》一文,并将其收录在《不惑集》内。文章最后一段写道:"贺同志在写这张布质的入党宣誓书时,不是照着底稿写,而是记熟了这句话。他虽然写了一些别字,这些别字并不减少它陈列在革命博物馆的意义,相反,使人更感到它忠实可贵。"

1932年10月兴国县支前组织和人数统计表

组织	人数(人)
担架队	5024
救护队	2519
洗衣队	3254
向导队	1564
破坏队	2474
运输队	6790
慰劳队	2754

说明:合计24379人,支前人数占当时全县总人口的1/10

注:资料来源于兴国苏区干部好作风陈列馆。

于都县支援红军统计表

	时间	数量	备注
扩红运动	1934年6月至1934年9月	人数 23300 名	不完全统计
节省运动	1934年5月至1934年6月	粮食 801 担 钱 7419 元	不完全统计
粮食突击运动	1934年5月至1934年8月	粮食 79390 担	不完全统计
筹款、筹物运动	1934年5月至1934年10月	钱 62500 元 草鞋 8400 双 菜干 150 担	不完全统计

注：资料来源于于都中央红军长征出发纪念馆。

课后研学

1. 中国共产党能够战胜国民党，一个显著的优势就在于党的成员理想信念坚定。中国共产党是如何将抽象的精神力量转化为组织成员的具体信仰追求的呢？

2. 在革命、建设和改革开放时期，中国共产党孕育了各种各样的精神，这些精神在不同的时空之中，对于党员的具体行为起到了激励、鼓舞作用，这些精神的内在共同性表现在哪些方面？

后　记

　　红色文化主要指中国共产党领导中国人民在革命战争年代创造的先进文化,是立德树人的优质教育资源。编写本套《红色文化》教材,就是要充分发挥红色文化传播知识、传播思想、传播真理,塑造灵魂、塑造生命、塑造新人的重要作用。

　　本套教材是在中共江西省委、江西省人民政府和教育部的关心下,由中共江西省委教育工作委员会、江西省教育厅和教育部教育发展研究中心共同组织编写的。为有效确保这套教材的质量,自2017年12月18日启动教材编写工作以来,受教材编委会和编写专家组的委托,由张泰城教授主持召开了教材编写研讨会、咨询会、统稿会、审稿会,累计20余次。

　　《红色文化》(高中版)共四个单元16课,由张泰城任主编,肖发生任副主编。承担本册教材初稿写作任务的作者为:肖发生(第1课、第8课),陈岭(第2课),肖云岭(第3课、第12课、第15课),张玉莲(第4课、第9课),陈先福(第5课),杨帆(第6课、第13课、第16课),邓燕萍(第7课、第11课),陈刚(第10课),李少南(第14课)。初稿写出后,张泰城、肖发生、杨帆、陈岭对书稿内容做了较大的调整和修改。由张泰城和肖发生统稿。

　　本套教材的编写得到了中共江西省委宣传部、中共江西省委党史研究室、中共江西省委党校的指导与大力支持。同时,还得到了许多专家、学者的悉心指导与帮助,主要有:中共中央党史和文献研究院郑谦研究员、李蓉研究员,当代中国研究所刘国新研究员,华南师范大学蒋建农教授,人民教育出版社顾之川编审,原江苏省教育科学研究所所长成尚荣研究员,北京教育科学研究院顾瑾玉高级教师等。

　　在本套教材的编写出版过程中,南昌八一起义纪念馆、井冈山革命博物馆、瑞金中央革命根据地纪念馆、安源路矿工人运动纪念馆、湘赣革命纪念馆、万安博物馆、寻乌县革命历史纪念馆、秋收起义文家市会师纪念馆、中共资溪县委党史工作办公室等提供了许多珍贵图片和资料;江西省委教育工委宣传部、江西高校出版社提出了很好的意见,并承担了大量的组织协调工作。同时,编写工作还得到了许多一线教师、摄影作者、插画作者的支持,限于人名太多,无法一一罗列。在此一并表示诚挚的谢意!

本套教材所选用作品的作者,多数我们已经取得了联系。但是,由于时间紧,仍有部分作者未能联系上,敬请这些作者与我们联系,以便我们就作品著作权事宜做出妥善处理。

编写涵盖各学段的红色文化教材,在全国尚属首次,还存在不少问题和不足,我们真诚希望关心和使用本套教材的人士及广大师生提出宝贵意见。

编　者
2018 年 11 月